战略思想丛书⑤

领导者的规则与工具

佩里·M.史密斯
杰弗里·W.弗利 著

庄莲平　王立中　译注

文汇出版社

因为我是领导,所以,我要学习,倾听大家的声音;
就是因为我是领导,所以,我要做决策,
要担当起我作为领导者应该担负的职责,
不能怠慢我的领导力。
领导力和学习彼此不可或缺,
彼此相辅相成,彼此相得益彰。

——约翰·F.肯尼迪(美国第35任总统)

PREFACE 总 序

大时代,需要大战略

工业革命200年,人类创造了过去所有时代所创造的一切财富总和;今天,人类已经进入工业革命4.0时代,已经进入到互联网时代、物联网时代、天权时代……未来,不可思议,不可限量。

这是一个开放的时代,贸易全球化和世界经济一体化,互联网技术与资本市场快速发展,新技术发展和相互依存的经济,使得整个世界紧密相连,地球越来越像一个"村"。

地球是圆的,世界是平的。

时代变了——大时代,需要全球战略大格局。

中国,从来没有像今天这样,与世界紧密地联系在一起。

中国,更是面临着五千年未有之变局。

大时代,您,准备好了吗?

三千年未来有之变局。

自1840年以来,中国"自我为中心之国"发生动摇,晚清重臣李鸿章喊出了"三千年未有之大变局",洋务运动,师夷长技;然后,晚清政权相对和平转移到前中华民国,晚清皇族得以自保,这是在华夏三千年王朝更替史上极为罕见的,可谓奇迹!

军阀混战,到蒋介石先生北伐成功以后的中华民国,十四年抗战,再到1949年以后中华人民共和国成立。

"城头变幻大王旗"①,目不暇给。

一百年未有之变局。

1978年开始"改革开放"战略,"拨乱反正","以经济建设为中心",加入WTO,中国开始由封闭走向开放,由自然经济的农工劳作走向工业化,由自给自足自成一体大中国走向全球化并融入到全球经济之中,中国开始真正迈向现代化。

2008年以来,全球性"经济危机",中国从"物资短缺"到"产能过剩",中国人从饿肚子向"吃饱了撑的"、营养过剩、三高增加,新常态、顶层设计……中国面临五千年来未有之变局。

眼花缭乱,雾里看花,怎样借得一双慧眼呢。

"眼看他起朱楼,眼看他宴宾客,眼看他楼塌了。"②

"机关算尽太聪明,反算了卿卿性命。……忽喇喇似大厦倾,昏惨惨似灯将尽。"③

得势时,气吞万里如虎,何其雄哉!

失势时,业败身死,又何其悲哉!

多少大败局,败在时势不顺,败在战略无知,令人不胜唏嘘,不胜惋惜。

---

① 鲁迅·《七律·无题》。
② 清·孔尚任·《桃花扇》。
③ 清·曹雪芹·《红楼梦》第五回"十二曲——聪明累"。

总 序

早在 2500 年前,中国战略大师孙子就说过:必以全争于天下①。

如果那些曾经的大官大商显贵达人能够早点知道或理解这句话,或将少去很多人类人间悲剧。

"秦人无暇自哀而后人哀之,后人哀之而不鉴之,亦使后人复哀后人也。"②

大到国家民族生死存亡,小到个人家庭企业兴衰发展,其命运都与大时代紧密相关,一不小心就容易被大时代的洪流所裹挟,祸福相生,成王败寇,机会挑战并存,欲成大业者,欲自保(而求全胜)者,必谨察之。

李嘉诚先生少小逃离家园,香港创业成长发达,改革开放大举投资中国内地,成为一代华人首富,2012 年后进行资产大腾挪,下出一步步让外人眼花缭乱的棋……创业六十余年,虽历经多次经济危机,但没有一年亏损。

"等到危机来的时候,他就已经做好了准备",是谓战略高手!

他每天 90% 的时间,都在考虑未来的事情。他是一个危机感很强的人,他总是时刻在内心创造公司的逆境(如何首先立于不败之地),不停地给自己提问,然后想出解决问题的方式。

李嘉诚先生曾经对其对手一代贼王张子强说:"你拿了这么多钱,下辈子也够花了,趁现在远走高飞,洗心革面,做个好人;如果

---

① 春秋·孙武·《孙子兵法·谋攻篇》。
② 唐·杜牧·《阿房宫赋》。

再弄错的时候,就没有人可以再帮到你了。"

张子强没有听取,更遑论战略思考、战略布局,一代贼王,赌完玩完,下场可悲,可惜可叹。

既深谙中国发展趋势,又居香港得全球资源整合之利,更洞察人性命运,李嘉诚先生可谓战略眼光独到、战略境界高远,战略布局了得。

顺应时代潮流游刃有余地发展搏得"立德、立功、立言"站在历史的枝头微笑,还是退而求其次至少还能立于不败之地得以"福、禄、寿"保全有余,还是错估时代潮流为逆势所裹挟不进则退、功败垂成、身陷囹圄甚至被早早地扫进历史的垃圾堆?

无论大官大商显贵达人,还是市井百姓屌丝小民,必谨察之。

世界怎么样,我们怎么办?
怎么办,怎么办,事到如今好为难?
在大时代的洪流里,更要有清醒的认识。
快速反应,观察世界,定位自己。
顺天应时,因势利导,走一步看三步。
因地制宜,因时制宜,因势制宜,与时俱进。
领先半步是先进,领先一步是先烈。
如何把握其中的平衡,这是一种科学,也是一门艺术。
只有变是不变的,但——万变不离其宗。

仰望星空,脚踏实地。
大时代,需要大战略。

总　序

需要有战略思维。

需要提升战略修养。

中国是大国,有五千年历史,战略经验教训智慧丰富。

开放社会,放眼全球,师夷长技,融会贯通,战略智慧资源充沛。

有鉴于此,我们推出"战略思想丛书"系列,希望给读者诸君提供一些独到的、有益的参考和启发,"知其然","知其所以然"。

我们相信:在这些优秀人物的大智慧、大思想的启发和指引下,将会有助于您的战略修养的提升,有助于您的智慧与人生成长。

大时代,需要大战略。

大时代,运用大战略。

必以全争于天下!

是为总序。

王立中

2019 年 6 月于战略家书苑

FOREWORD | 译者前言

人人需要领导力

一直以来,我就在思考:美国为什么这么强大?这么伟大?这么牛?!为什么太平洋这一侧的韩国、日本追随美国?大西洋另一侧的英国追随美国?南半球的澳大利亚、新西兰追随美国?甚至欧洲大陆的德国、法国也追随美国?他们都听从美国的,尊美国为"老大"、领导者,为什么?

美国是"老大",是领导者;美国军队是"老大",是领导者;美国企业在国际市场上是"老大",是领导者;美国大学常常名列世界名校排行榜前列,自二战以来一直引领世界,是名副其实的"老大"……为什么?

美国英雄辈出,猛将如雨,方家如云,美国人成就美国梦,成就一个个传奇……为什么?

四分之一个世纪以来,这类问题时常萦绕脑海,百思不得其解。

搞清楚了,才好学习——追赶——超越!

风云际会,机缘巧合,我得到了两位美国将军合著的《领导者的规则与工具》(Rules & Tools for Leaders)一书,一口气读完,大呼——得之矣,得之矣!

套用中国小说《红楼梦》里的话:天下真有这样精妙的书,我今儿才算见了!

因为我从书中看到了美国之所以成功、之所以为"老大"的秘诀,美国"领导有方"呀!

两位有着30多年从军经历的美国将军,用他们全部的忠心、谨慎和良心,将他们成长为领导、担任领导职务的人生芳华,将他们对美国领导有方的秘诀的深刻洞察,将他们对于领导力精髓的深沉思考,尽数奉上,且娓娓道来。既有方略,又有方法;既有价值观,又有方法论;既有生动活泼案例说明,又有可以照本操作的实用清单。凡此种种,读来令人如沐春风,醍醐灌顶。

感受良多,感慨良多,相见恨晚!

在20余年的职业生涯中,我曾担任不同机构的或大或小的"领导",如果早点看到本书,我相信自己会成长得更好些,会领导得更好些,会成长为更好的领导者。

人到中年,我见证诸多的组织、家庭和个人,他们成功的秘诀之一,在于领导有方,领导力强;他们失败的原因之一,在于领导无方,领导力太差。如果早点看到本书,我相信差者会走上正道,好者会更好;他们会领导得更好些,成长得更好些,会成长为更好的领导者。

大到国家民族,中到机构组织,小到家庭个人,无论政府企业、社会团体,还是兴趣小组,只要有人存在,就无时无刻不在合纵连横,整合资源,创造价值。

怎么合纵连横?怎么整合资源?怎么创造价值?

关键就看你的领导力水平。

所以,人人需要领导力。

人人需要领导力,但是,怎么才能有效切入领导力?

不可能人人去研读领导力著作,尤其是非领导力专业科班出身的人。

多年来,本书的作者之一史密斯将军一直在寻找一本关于运作一家组织机构的实用手册。但是很遗憾,他一直没有找到。于是,他决定——还是自己来写一本吧。于是,有了这本书。

多年来,我一直在找同样的一本书,没有找到——总算找到了这样的一本书。自己喜欢,相见恨晚,不敢独享。于是,有了这个译注本。

多年来,你——是不是——像曾经的我们——一直在找寻——这样的一本书?!

本书给多层次的领导者提供诸多的实用建议,提升他们运作组织机构的技能,既有高屋建瓴的理论,又有脚踏实地的实践:规则思路,工具清单,实用实战,应有尽有;鞭辟入里,条分缕析;分门别类,一目了然。大珠小珠落玉盘,总有一章你喜欢。

打开本书,我敢确信,你找对了路。

不敢独享,与君共勉。

一本可矣,一本足矣。

这是一本关于领导力的最基础的入门书,适合所有的对领导力有兴趣的人阅读。

　　如果你身处领导岗位,那么,本书将助你成为更好的领导者。

　　如果你是普通员工一般群众,那么,恭喜你,你将开启引导人生、领导世界的奇妙之旅!

　　开始领导世界!
　　尽享领导乐趣!

王立中

2019年6月于战略家书苑

PREFACE 推荐序

经营大型组织是一项非常具有挑战性的工作，也是非常具有成就感和令人振奋的事情。由强有力的领导在充分的判断和诚信基础之上所建立的良好的管理制度，是任何成功的组织都必需的。

虽然市面上有很多关于管理和领导力的书籍，但是对于那些忙碌的领导者来说，他们**真正需要的是一本简短的、实用的指南手册**，以帮助应付越来越棘手的事务。

佩里·史密斯和杰弗里·弗利所撰写的正是这样的指导性很强的一本书，不论是领导者本人，还是身为下属的人，都可以从他们的思想、分析和经验法则中受益良多。

《领导者的规则与工具》极富价值的内容让人耳目一新，精准的用词、简洁有力的写作风格同样让人印象深刻。他们很快就能触及问题的核心。这是一本翔实的书，深入探讨了领导者在现实生活中所面临的真正的问题、真正的困境以及许多其他可能的难题。史密斯和弗利以其丰富的组织管理经验、在领导力和管理方面的教学和研究心得，完成了这个很多人想做（却始终没有人做成）的事情：他们写出了一本对领导者和下属的职业生涯都极有帮助的指南。

这本书的最初版本看似已经从根本上阐明了实践性领导力所涉及到的方方面面，但是，对领导者的要求在不断地变化。

现阶段，商业、政府和非政府组织领域发生的一些事情，对领导力的特点和道德规范都提出了新的要求，对建立一个跨文化团队也有着迫切要求。这些新变化所带来的新要求，在这个最新版本的书里都有十分充分的体现，与时俱进是本书的一大特点。

本书语言质朴易懂，将管理中可能面临的诸多难题，一一娓娓道来。

一方面，这是给善于思考的读者提供的一本管理领域的操作手册。如果有人尝试从《如何修理水管》《如何打高尔夫》之类的书来学习修水管或打高尔夫，那么，他们肯定会感受到这种方式的局限性。当然，如果期待浏览本书就能成为管理大师，这种想法也是不切实际的。

另一方面，如果你是想和两位聪明、知识渊博、口才流利而又拥有宝贵经历、愿意与他人分享经验的高级管理人员切磋的话，那么恭喜你——你——选对了书！

更重要的是，我们相信：两位作者的观点和看法可以激发你的创意，对你目前的处境和未来的发展都将大有裨益。**在你一生的职业生涯中，这是一本值得反复温习并详加体会的好书。**

本书有着深远和广泛的适用性，除了案例研究、检查清单，所有的章节都涵盖了从战略计划到个人的自我反省。

现如今，我们生活在一个商业、科技和军事都面临着前所未有的挑战的时代。市场已然呈现全球化趋势，竞争日益激烈，生存压力倍增。我们的国家能否有效管理其庞大的资产——我们的政府、工业界，以及相关机构能否有效地利用人力、物力和财力资源——显然,这是决定未来繁荣的一个重要且关键的因素。说简单很简单,说难也很难。

幸运的是,管理和领导力技巧是可以通过学习得到加强的。本书对于培养、磨练、提升这些重要的技巧,可以扮演推手角色。不仅个别领导者及其所在组织能够从本书中受益非浅,最终来说,整个我们称之为"自己有企业系统"的同盟体系都将从中获益。

个中奥妙,尽在其中。

幸运的你,打开这本书,开启一段不同凡响的心路和领导历程。

诺曼 R.奥古斯丁
洛克希德·马丁公司①原董事长兼CEO
美国陆军部原副部长

---

① 洛克希德-马丁公司(Lockheed Martin Corp.),全球影响力的设计和开发先进的太空与国防技术系统公司,客户来自美国国内及国际国防与民用市场,主要客户为美国政府的各个部门。公司成立于1909年,总部位于美国马里兰州贝塞斯达。全球员工约126 000人。2016年度《财富》世界500强排名第197位。——译者注

PREFACE | 自 序 |

多年来，佩里一直在寻找一本关于运作一家组织机构的实用手册。但是很遗憾，他一直没有找到。于是，他决定——还是自己来写一本吧。这本书是他在位于华盛顿特区的国家战争学院时完成的，他担任校长并教授有关培育高阶主管领导力课程。这所学院以培养对美国未来内外政策产生重大影响的领导型文武官员而名噪一时。2011年，杰夫加入到了本书的写作队伍中来。彼时，杰夫刚从部队退役不久，带来了新鲜的观点和洞见。他完成了本书全新的五个章节，并提出了很多改进和提升的建议。

无论你是领导者，还是那些在或大或小的组织机构里从事支持性工作的一般职员，我们希望为您奉上的是一个包含了很多经验法则和检验清单的工具包。本书凝聚了我们在美国和海外诸多组织机构任职30多年的工作心得，个人色彩很浓，但是，具有广泛的适用性。

30年来，我们一直在为不同领域的受众教授领导力课程。我们的专业背景使得我们能够把军队中的领导力思想嫁接到企业管理，同样，我们也能够把那些有远见卓识的公司（比如微软、UPS、德州仪器、英特尔、洛克希德·马丁和普利司通等）的领导力技巧介绍到医院、基金会、协会、教会、制造工厂、政府机构和军事院校等机构里去。

领导者是很重要的。位居上位的人——可以——也应该——有所作为。

社会上的流行音乐、人们的衣着时尚和市场中的食物菜品等等,都是在领导者的领导和影响下上市供应的。

拆除哪些邻近社区以让位于一条高速公路的修建?通过哪些法律?支持哪些倡议?这些都需要由领导者来最终拍板决定。

领导者决定一家组织的日常乃至最终表现,他们制定标准,建立并维系一个沟通网络,培育关系,激励下属。更重要的是,领导者通过制定含有特定的长期目标的战略性愿景,并将它们付诸实施,对整个组织产生长远影响。

虽然,未来充满了不确定性。但是,未来二三十年内即将发生的事情,绝大部分是当下一些有影响力的领导者在他们任内所作出的决策的结果。**本书是这样的手册,教你怎么样作出有条理的、明智的、符合伦理的并富有远见的决策。**

我们相信:这本书必将对你大有助益!

佩里·M.史密斯

杰弗里·W.弗利

FOREWORD | 前 言

> 如果你要获得成功,就应当以恒心为良友,以经验为顾问,以小心为兄弟,以希望为守护者。
> ——约瑟夫·艾迪生①
>
> 一个好的领导者善于激励人们对他有信心,一个伟大的领导者善于激励人们对他们自己有信心。
> ——史蒂夫·乔布斯

本书是帮助经理人、主管和管理者成为更好的领导者的一本最基础的入门书。如果你想寻求观念、哲理、范例或是学术性论文,那么,这本书绝对不适合你(你现在就可以将本书放回书架了)。但是,如果你想寻找一本新颖、实用、方便的关于领导力的工具书或指南,那么,你找对了。在你提升领导技巧时,这本书可以

---

① 约瑟夫·艾迪生(Joseph Addison,1672—1719),英国散文家、诗人、剧作家及政治家,为英国散文大师之一。诗篇《远征》、悲剧《卡托》及文学评论。——译者注

给你建议；在你为组织作出重大决策时，本书可以助你检验决策是否明智。

本书是专门为那些忙碌的领导者和经理人设计的，他们也许只有在飞机上或在某个安静的周末下午才能有几个小时的空闲时间。针对领导者可能面对的方方面面的棘手事务，这本小书给出了数以百计的实用建议。针对那些想要处理好和上司关系、有兴趣了解领导者可能会面对的艰难处境的下层员工，这本书也准备了专门的篇章和建议。这本书适用于管理和领导力课程，也有助于夯实文学作品中的理论依据。

从多年的经验中，我们领悟到作为一名领导者的发展过程是一个不断变化的旅程——通过领导他人来把自己塑造成一名领导者，最终去领导一家组织。在每个步骤中学习怎么去领导是一个伴随一生的任务。这次新版，包含了许多新的及改进的内容，经过了重新组织和编排，对于忙碌的领导者来说，更加容易接受，也更有价值。我们把本书用不同的主题分成了若干个部分，便于读者在需要的时候，能够快速地找到相应的建议。

我们写这本书是为了分享我们曾经的成功和失败。我们从失败、挫折得到了最宝贵的教训，也从一些成功的经验中获得了知识和心得。我们获得这些的路径，不仅源于长期在西点军校、在战场上和在国防部中累积到的军旅经验，同时涵盖了我们和一些大型企业组织合作的经验，如杜克电力公司、蒂梵尼公司、卡特彼勒公司、家乐氏基金会、《美国新闻与世界报道》、古兹维塔商学院、国家广播电视台、萧氏工业公司、普利司通轮胎公司、公益组织和大学等等。在不同领域的广泛合作中，我们吸收和综合了很多其他领导者的心得感悟。

前　言

　　我们确信这个新版本在领导力的学习方面,比第一版更为有益。第一版的读者经常给予评论说他们最喜欢的是坦率直白的语言和实用方便的检验清单,这些我们都作了保留。

　　这本书会是你将来一直有用的工具箱。我们建议读者不要简单地阅读一遍,而是要时时翻阅,好好利用,并与你的同事及下属分享。

　　我们相信:从这一页开始,你将开启一段美妙的阅读历程,开启一段卓越的领导历程!

CONTENTS | 目 录

总　　序　大时代，需要大战略 …………………………………… 1
译者前言　人人需要领导力 ……………………………………… 1
推　荐　序 ……………………………………………………………… 1
自　　序 ………………………………………………………………… 1
前　　言 ………………………………………………………………… 1

第一部分　把你自己塑造成领导者 ………………………… 1

一　看看你自己 …………………………………………………… 3
自省的重要性

二　成为有个性的领导 …………………………………………… 21
诚信及其他品质

三　学会自律 ……………………………………………………… 30
控制时间和行程

四　管理电子化世界 ……………………………………………… 37
对今天的领导者的最新挑战

五　为大老板工作 ………………………………………………… 47
下级主管的考验和机会

1

第二部分　领导他人 ……………………………… 55

六　教育,训练,指导以及建议 …………………… 57
从新观念和反馈中成长的领导者

七　建立你自己的领导模式 ……………………… 76
给你和下属的参考框架

八　雇佣 …………………………………………… 81
用合适的方式把合适的人放在合适的岗位上

九　激励部属 ……………………………………… 91
建立和延续工作的乐趣

十　解雇 …………………………………………… 105
领导者的角色

第三部分　领导组织 ……………………………… 111

十一　接掌新职位 ………………………………… 113
交接的重要性

十二　使命、愿景和价值观 ……………………… 122
夯实成功组织的基础

十三　创建战略计划 ……………………………… 131
通向成功的路线图

十四　向下授权和寻求反馈 ……………………… 144
两难抉择

十五　全方位发展 ………………………………… 149
建立沟通桥梁和智囊团

十六　做重要的决策 ……………………………… 153
八点有用的检查

十七　领导危机处理和变革 ……………………… 159
保持冷静和灵活性

十八　处理低潮 …………………………………… 169
　　　　失败、谣言和批评

十九　处理媒体关系 ……………………………… 179
　　　　建立重要的伙伴关系

二十　领导非盈利组织 …………………………… 186
　　　　独一无二的机遇和挑战

第四部分　综合归纳 ……………………………… 193
　二十一　最后的思考 ……………………………… 195
　　　　　领导力教战守则 30 条

作者小传 …………………………………………… 213

第一部分
把你自己
塑造成领导者

一 看看你自己	四 管理电子化世界
二 成为有个性的领导	五 为大老板工作
三 学会自律	

一·看看你自己
自省的重要性

> 我担心那个靠自己努力而成功的人只崇拜他自己。
>
> ——艾伯特·史都华主教

想象你被各式各样的镜子包围。有些镜子能够正确反映你的样子,而有些镜子则会扭曲你的形象。你周围的人——下属、同僚和上司——就像这些镜子。就是表现最为前后一致的领导者也可能被不同的人从不同的角度进行解读、甚至误解。如果可能的话,你需要试着修正可能遭受到的误解;但也不要偏执或忙于自我辩护。认真聆听、诚恳地接受批评、从错误中学习,这才是你真正需要做的,这才是成就一个杰出领导者的本质所在。

每个人都有五个自我:(1)自己心目中的你;(2)下属眼中的你;(3)同僚眼中的你;(4)上司眼中的你;以及(5)说不清道不明的真正的你。这五个"你"之间常常并不一致,或好或坏。你身上的特点,无论好的还是坏的,都可能被高估或放大。你或许并没有你自以为的那般聪明、有决断力、善于沟通或充满魅力。

某些认识可能具有欺骗性：在一次偶然情况下，喝多了，你会不会被认为是一个酗酒者？在一次冗长无聊的会议中打了个盹，你会不会被认为已经老态龙钟了？开除了一个下属，你会不会被认为是个心狠手辣的权力爱好者？快速地做了一个决定，你会不会被认为就是肤浅无知？

成熟的领导者非常明白这些"认识误区"，他们会努力反省自己，分清楚哪些是事实，哪些不是，寻求反馈，并在适当的时候修正自己。

或许从客观反省中得到的最大好处就是你工作表现的提高。一个领导者如果能够了解自己，认识并充分发挥自己的长处，能够弥补自己的缺陷，会比一个不了解（或不能了解）自己的领导者表现得更为出色。实际上，通过自我分析，完全可以避免一些错误。此外，能够自我反省的领导者全身散发着自信的魅力，更能获得下属的尊敬。自省是一个需要系统的、经常性的关注才能完成的历程。寻求一些专业人员和组织的专业服务是非常有价值的投资，比如位于北卡罗莱纳州格林斯博罗的创意领导力中心[①]或盖洛普领导力学院等。

了解你自己的理想、心理和精神上的优缺点能够增进你的开明领导力。定期自问以下几个问题是健康而有益的：

——"哪些价值是我真正认为值得去追求的？"

[①] 创意领导力中心（Center for Creative Leadership，CCL），位于美国北卡罗莱纳州中北部城市格林斯博罗，成就卓越，声誉良好。中心在行为科学方面实力强大；其心理测试和评估项目是世界上最好的之一。CCL 有各种方案，从四天到六天不等，其中有几项侧重于创意和组织的创新。有些项目在有现代和惊人的装备设施的格林斯博罗举行，有些则在美国乃至海外的不同地方举行。——译者注

——"我最深的偏见是什么？"

——"我是否言行一致？"

——"我是否身体力行？"

领导者需要时常自我反省，以免日后工作越来越没有效率、狂妄自大乃至与现实脱节，这样才可能确保领导的效率。你在做什么以及如何去完成它，这是评定你的工作效率的基本内容，需要你持续不断地进行自我评估。

棘手问题

每一次的表现评估都要求管理者根据这些关键指标来对下属进行排名：从生产力和专业知识到工作关系处理和管理技能。阶段性的自我评估有助于你评判那些你希望在你自己身上和下属身上看到的品质、习惯和技能。

你喜欢现在的工作吗？

藉着让别人知道你热爱工作，你就可以在组织中形成一种健康的氛围。热爱自己的工作，并展现这份活力，领导者常常就能够感染其下属，使他们也热爱他们的工作。微笑和动听的话通常都是很容易感染别人的。你是否会为下属的成功而感到由衷的喜悦？让下属知道你对他们的工作很满意，你期待着工作日的到来，这表明你身处在一个融洽的团队中。

你如何定义雄心？

自己、下属或组织，你的雄心倾向于哪一个？太多在公司或政府机构身居高位的人过于野心勃勃地为自己考虑，而忘记了他们的第一职责是完成国家或组织的任务、实现国家或组织的目标。如果领导者的雄心是服务于整个组织，那么每个人都会从中受益，并得到回报，就长远来看，这是值得的。出色的领导者都明白：自己是为别人服务，而不是让别人来服务于自己个人的目标。

你是乐观主义者，还是悲观主义者？

如果你常常过于乐观，总带着美化的眼睛看事情，也许你会因为不能认识到组织存在的弱点而失去下属的尊重。你可能会拒绝直面尖锐的问题。相反，如果你总是过于悲观或愤世嫉俗，那么组织的士气也会受到不利的影响。一个务实乐观的领导者并不是一个不切实际的幻想家，而是抱着热情和乐观的态度投入到工作中去，效率高，受人尊敬。一个愤世嫉俗的人刚开始可能是个能力不错的领导者，但是嘲讽和悲观很快就会波及整个组织，从而使整个组织的工作变得困难而没有效率。

你信奉怎样的道德规范和价值观？

你是否在演说和文章中提到过精神或道德的价值？你是否曾经受邀在宗教组织发表演讲？你是否身体力行一套道德和价值标准体系，你的下属都在看着呢。他们希望他们的领导与他们有着差不多的价值观。领导者千万不要将自己的价值观强加于人。自以为是的，或看来自以为是的领导者，通常无法获得大多数部属的支持。

领导者必须认识到个人的诚信和机构的诚信在工作中是互相吻合的。如果领导者对诚信有坚决的态度——谈论它，书写它，强调它，享受它——那么就有很大可能个人和机构的诚信在整个组织中都会维持很高的水平；如果领导者忽视它或听任无规则的行为，那么整个组织的诚信水准就会急速下滑。作为领导者，你对诚信的态度，将在很大程度上决定着整个组织的标准和荣誉感。

你是否检点下班后的行为规范？

领导者糟糕的个人行为有时是极具毁灭性的。下班后的行为做派，对领导者本人及其所在组织的成功亦有巨大影响。那些被寄予厚望的潜在的伟大领导者陨落了，其导火索可能仅仅是滥用药物或实施道德上受到质疑的行为，这样的例子比比皆是，不胜枚举。

有酗酒和药物依赖引起精神和健康问题的人，会发现他们的问题被夸大了。扪心自问一下："现在我是一个领导者，我对喝酒应该抱持一种什么样的态度？""我的喝酒习惯会被别人怎么解读？"被人认为酗酒成性和真的是一个酒鬼，对于一名领导者来说，一样具有毁灭性的杀伤力。非法药物的滥用，甚至即便是处方药，都一样会造成有害的结果——不仅会导致领导者个人职场的失败，甚至会引发针对领导者的法律后果。

性丑闻会迅速传播（至少会引起媒体的注意），其后果是显而易见的。不管你是在哪个行业——公司、政府、军队抑或是营利性组织，姑且不论道德问题，身为领导者，你必须知道自己是可受公评之人。甚至只是违法的观念都会导致你个人乃至整个组织的声誉受损。在这个信息快速传播的时代，每一个流言和细节都会以迅雷不及掩耳之势传遍全球。面对漫天的指责和讽刺，没有人可以幸免。

别人怎么看待你？

别人是畏惧你，不信任你，喜欢你，尊敬你，还是爱你？和你在一起,他们感到自在还是害怕?别人怎么看待你,这是很重要的问题。如果你的同事觉得你不错,尊敬你,崇拜你,那么你们之间的沟通交流就会通达顺畅,工作效率亦会得到较大提升。如果没有这种信任,其他人就不会及时向你通报信息了,因为他们担心你会过度反应或对他们及他们的想法做出草率和无依据的判断。当你营造出一种互相信任、互有信心的气氛之后,你的部属就会对你知无不言、言无不尽了。

你容易接近吗?

你在办公室的行为表现如何?你是不是就坐在办公桌后面,装模作样地发号施令?或者,你愿意放下身段而不摆架子?比方说,你能否张开双臂充满关爱地热烈拥抱他人?当下属在与你讨论某个问题时,他们能否打破存在于上下级之间的那种隔阂?很多领导者经常可见,但是并不容易接近,因为他们的言谈举止在不知不觉中让人觉得不可亲近——他们自己还蒙在鼓里也不自知。

领导者的角色会不自觉地让人产生一定的紧张感。扪心自问,当你参加一个会议,与人谈话,或在做一个演讲的时候,你持有一种什么样的态度?你是否表现出了恰到好处的对他人的无私关怀?还是作为领导者的负担和责任已经让你在大多数时候绷紧了神经?你是否总是坐在椅子的前端?当别人试图告诉你些事情的时候,你是不是不断地打断别人?这些信息可以帮助你判断自己紧张的程度,也可以帮助你评估你的紧张是有助于你成为一个成功的领导者,还是反之。

你善于沟通吗?

你说话是否流利?你的讲演和谈话是否精心组织并直击要

害？你和别人的对话是否真诚而有意义？当你和别人说话的时候，是否正视他们的眼睛？面对权威，你是否能够打破等级障碍以求更为有效的沟通？

你的写作如何？诚然，面对公众的演讲和面对面的沟通都很重要，但是，对于领导者来说，书面表达使得沟通更为清晰明白。从员工的评价到邮件往来，你的书写技巧——或你书写技巧的缺乏——对你所在的组织和身在其中的人产生极大的影响。粗略写就的邮件会引起误解和困惑——甚至会让你和组织在面对法律诉讼的时候变得虚弱无力（一位明智的经理曾说：在三封邮件的交流之后，如果问题依然没有得到解决，那么马上换成电话沟通吧）。如果你的评价写得很糟糕，那么对下属就会造成伤害。意见书、报告、推荐信、介绍信，甚至感谢函，都会在组织内外对你产生重大影响。顺畅的交流沟通能够起到维护的作用。

让你的自负走开吧，面对重要的书面沟通时，寻求别人的帮助来进行编辑改进。如果你能学到很好的写作技巧，你就能为组织提供更好的服务。别人会感谢和敬重你的努力。正如约翰·肯尼思·加尔布雷思①所写的那样："如果你的文笔不错，你自然而然

---

① 约翰·肯尼思·加尔布雷思（John Kenneth Galbraith，1908—2006），美国著名经济学家，新制度学派的领军人物，权力转移轮、生产者主权论、二元体系论和新社会主义论，被认为是加尔布雷思新制度学派理论的核心。出生于加拿大安大略省，曾就学于多伦多大学，1934年在加州大学伯克利分校获博士学位。历任美国物价管理局副局长、战后美国战略轰炸调查团团长和美国国务院经济安全政策室主任等政府职务。1949—1975年重返哈佛大学教书，仍活跃于公共事务上，担任约翰·肯尼迪总统的顾问及驻印度大使（1961—1963）。他笔耕不辍，撰写了30多部著作，可谓著作等身。他具有影响力的自由派著作（常因文字优美受到赞扬）检验了美国资本主义和消费主义的强弱。在《富裕社会》（1958）中，他要求少强调生产，多注意公用事业。在《新工业国家》（1967）中，他呼吁用知识上和政治上的新措施解决美国经济竞争衰减的问题，展示了美国"管理的"资本主义和社会主义之间日益增多的相同点。他文笔辛辣，言辞锋利，举止动作又充满新格兰地区、哈佛菁英的气息。——译者注

会得到别人的注意。"

有效的沟通是有力的手段,它可以向你的同事表明:你胜任目前所担当的领导工作。

你有多认真地聆听?

聆听是一种学习得来的艺术,需要有自我克制和良好的训练沟通技巧。领导者应该聆听、聆听、再聆听,因为只有通过聆听,你才能真正搞明白事情的来龙去脉。如果一个下属提出一个问题而你不能让他把整件事情表达清楚,你可能只能了解事情的一部分真相而问题依然没有得到解决。而且,提出问题的那个下属会感到沮丧,因为他没有机会表达清楚整件事情的前因后果。

聆听的方式有两种。(1)被动聆听,即领导者静静地聆听,不以评论或问题来打断发言,让讲话的人有充分的机会来阐明自己的观点;(2)积极聆听,即领导者偶尔问一些问题以确认所说的内容,并且确保对整件事情有清晰的了解。不同场合可能需要不同的聆听方式,一个卓有成效的领导者应该掌握两种聆听方式,知道什么时候该用哪一种。如果对需要用哪种方式有疑问,那么"被动聆听"应该好过"积极聆听";即使错了,后果也不至于过于严重。

你对批评和真相持开放态度吗?

谁来告诉你所有的消息——好的或坏的?有一点很重要,你应该有诚实和坦率的亲信,他们能告诉你坏的消息和好的消息,而不是阿谀奉承或刻意逢迎。最好的领导者鼓励下属坦率地告知想法,而不是投上司所好尽说些讨巧的话。你需要定期地扪心自问:"在我的周围,有哪些人愿意对我说真话?"

那些对批评的反应情绪化或粗暴对待批评的领导者,往往会走向失败,因为久而久之,他们无法接触到最重要和最困难的信息。他们的下属不敢批评他们。这样的领导者最终会失去一部分最亲近的下属,因为出于无奈,他们会转而投向能够接受建设性批评的领导或组织。领导者不能以开放的态度接受批评,会严重破坏组织的反馈机制,并最终导致下属的跳槽。当这样的领导者在面对危机的时候,他们会发现找不到任何有帮助的下属来协助一同走出困境。

他们拒绝接受批评或无法正确对待批评的个人标签,长此以往,会导致组织招聘不到天才的员工。因为,没有人愿意为一个混蛋工作。

你应该像美国纽约前市长爱德华·科赫①那样,经常地问自己:"我做得怎么样?"做好应答,并根据需要采取相应的行动。

你有安全感吗?

如果你觉得自己安全感满满并能坦然接受别人的批评,那么可以表明你是个成熟的领导者,足以胜任不同岗位的领导工作。如果你基本上觉得自己没有什么安全感,甚至十分担心自己的表现和能力的话,你的任务就比较艰巨了。一般来说,随着组织的成功,你的安全感会相应地有所增加。随着时间的推移和自信心的

---

① 爱德华·科赫(Edward Irving "Ed" Koch,1924—2013),美籍犹太人,律师,美国民主党党员,曾任美国众议员,1978—1989年连任3届纽约市市长。爱德华刚上任纽约市长时,纽约市财政濒临破产、治安恶劣。他推行了一连串改革政策,走出困境,振兴了纽约市经济,被人称誉为"纽约市的救世主"。他曾漫步于纽约街头,采访路人问道,"我在任职期间做得怎么样?"这句话成为他的名言,亦是其代表符号之一。——译者注

慢慢培养，许多最初没有安全感的人，逐渐成长为成熟且成功的领导者。

你可靠吗？

你是否经常在最后一分钟取消会议、演讲、仪式、拜访或社交应酬？你有没有无法遵守对下属、同僚和上司的承诺的时候？尽量避免过量安排自己的时间表，这有助于提升你在他们心目中的可靠度。学会拒绝你无法或不愿意完成的工作任务。你始终有自己的事情要做，而且你也知道是什么，但是并不意味着你要屈从于所有人的欲望和要求。

多年来，科林·鲍威尔[①]的可靠性和人格魅力给我们留下了深刻的印象。无论何时，他答应做到的事情，他必然会做到。无论何时，你写信给他，我们总能在几天之内及时地收到他的回信。鲍威尔将军是佩里的诚信智囊团成员。在佩里作出决定从CNN辞职的时候，他给予了非常中肯的建议和帮助。鲍威尔超凡的个人魅力、自信和演讲风格，令很多人倾倒。他卓越的谈判技巧、战略性的思考和行动能力，他的诚信，他的可靠，使他堪为领导者的典范，值得所有后进的领导者学习。

---

① 科林·鲍威尔(Colin Powell)，1937年4月5日出生，美国四星上将，在美国四任总统(里根、老布什、克林顿和小布什等)班子中分别担任国家安全事务助理、参谋长联席会议主席和国务卿等不同的高级职务。不同于某些纸上谈兵的政客，作为一名越战老兵，他深深地知道士兵的血泪，知道军事必须服从于政治，知道军队的最终使命是缔造和平而不是一味追求胜利。两次伊拉克战争的成败，使人越发认识到了他的人品高贵和战略远见。他在美国军界、政界和外交界享有崇高威望(任国务卿时其支持率曾高达80%以上，史无前例)。他出生于美国纽约的一个收入有限的黑人移民家庭，在纽约南布朗克斯区长大，毕业后参军，多次被越级提拔，从基层士兵一路做到四星上将、三军统帅，是典型的美国梦的实现者。之所以能够如此，鲍威尔靠的是自己卓越的领导才能。出版有《我的美国历程》《我赢定了：鲍威尔生活和领导的艺术》等。——译者注

你善于决断还是优柔寡断？

一位智者说过，世上有三种人：第一种人是让事情成真；第二种人是看着事情发生；第三种人是对发生了什么事浑然不知。约翰·席勒①有句名言"瞻前顾后的人无法成就大事。"高阶的领导者应该遵循60%原则——当你已经获得支撑你做决策60%的信息，你应该马上做出决定。若你持续等待以获得更多的信息，那么你将失去成事的先机。你要做那种能成事的领导。

始终逃避拍板的领导者会使整个组织形成一种优柔寡断的气氛，使整个组织陷于游移不定的境地。在没有经过充分协调的情况下，应该由上司做出的决定最终由其部属来拍板，这样的情况时有发生。应该由高阶的领导者做出的决策交给其部属去完成，虽然某些决策尚可甚至还不错，但政策的一致性和连贯性还是会受到伤害。若你喜欢让下属去做大多数决策，至少要确保在做决策的过程中，有一套通用的完整的决策和协调准则。

你是否很有弹性？

你的思想和生活方式是否十分僵化以至于不能接受新观念？反之，你是否对于错误又过于有弹性？你是否像墙头草一样随风摇摆？你如何在弹性和僵化之间把握平衡？你必须善用判断力来决定什么时候应该坚定不移。好的领导者既不会轻易动摇立场，但也不做专制蛮横之辈。在了解了组织运行状态之后，你可以决

---

① 约翰·席勒（Johann Christoph Friedrichvon Schiller，1759—1805），德国18世纪著名诗人、哲学家、历史学家和剧作家，德国启蒙文学的代表人物之一，德国文学史上著名的"狂飙突进运动"的代表人物，也被公认为德国文学史上地位仅次于歌德的伟大作家。——译者注

领导者的规则与工具

定自己的弹性尺度。如同许多其他情况那样,最好能够避免过于极端。

你是创新者吗?

你喜欢维持现状吗?你受制于僵化的政策吗?李奇威将军①在卸任美国陆军参谋长时,曾经说过这样一句生动深刻的话:"我担任陆军参谋长最大的收获是培养了很多标新立异的人。"你是一个对建议、新观念、新思想、新方向和新概念持开放态度的人吗?从另一方面来说,你是否创新太多以至造成组织内部混乱,因为你对政策、人事任命或其他问题的想法经常发生变化?你能否在连贯性和创新性之间找到相对合适的平衡点?在某些情况下,创新需要循序渐进以保有组织既有的力量。要想知道这一点,你必须透彻了解组织的文化和特征。

你有大局观吗?

你能否将组织的任务、目标、要求和责任放到一个更大的背景

---

① 马修·邦克·李奇威(Matthew Bunker Ridgway,1895—1993),美国陆军四星上将。生于弗吉尼亚州门罗堡。乔治·马歇尔对李奇威颇为欣赏,第二次世界大战爆发后不久,他便把李奇威调到了战争计划处。1942年8月,李奇威晋升为准将,后受命指挥第82空降师。第82师被选中成为全军最早的两个空降师之一,很大程度上得益于李奇威作为一名教官所具有的技巧和他比同僚更为灵活的思想。1949~1950年任陆军副参谋长。朝鲜战争爆发后,原美国第八集团军司令沃克阵亡,李奇威于1950年12月任美国第8集团军司令兼"联合国军"地面部队司令;1951年1月李奇威以放弃汉城为战略诱饵,于1951年2月发动反击。1951年4月接替道格拉斯·麦克阿瑟任"联合国军"总司令、驻日盟军最高司令和远东美军总司令,5月晋上将。他在此期间表现出的身体力行的领导艺术,以及对军事作战基本原则的深刻领悟,在美国陆军历史上树立了令旁人难以企及的领导榜样。1952年5月接替艾森豪威尔任北约组织武装部队最高司令。1953年10月任美国陆军参谋长,主张各军种均衡发展。著有《李奇威回忆录》《军人》《朝鲜战争》等。——译者注

中去？你能否阐明公司或组织如何完美地嵌入到那样的框架背景中去？能够概念化的领导者通常是好的计划者和好老师。提供一个涵盖了组织愿景、目标、优先次序的全方位的蓝图是很重要的一件事。

你和周围的人能否理解和接受你的优先次序？

你是否确定了对组织来说最重要的事情？有没有就此与下属展开讨论？你自己是否遵守自己制定的优先次序？领导者的优先次序和组织优先次序之间紧密相关。如果你为自己或组织制定了一个连你自己都无法遵守或不愿意遵守的优先次序，那么你的行为将会引起下属的疑虑并会影响到他们的士气。

你在工作的不同方面时间分配如何？

你花了多少时间在工作的"前线"——参观门店、工厂和维修区，在田间，或是组织的其他相关部门？除了举行会议，你与下属、同僚和上司之间有没有互动？你是否遵循了"四小时"原则——每天在办公室呆的时间不要超过四个小时，这会让你在办公室的时间专注于需要解决的问题，而其他时间则专注于需要在外部解决的事情。更重要的是，和自己的队伍在一起，第一手的观察和知识将有助于你完善盘桓于脑海中的组织的蓝图。

你是否了解组织现状，还是与现实脱节？

把自己孤立在办公室或是没有能力接触外界以迅速了解外部事务，这样的领导者就会与现实脱节。什么才是了解组织现状的最好办法？你的触角是否时刻都在接受外部的信息？你是否建立了良好的反馈机制？下属意识到他们的领导者对其工作并不熟悉或是根本不参与的时候，很多问题就会产生了。有人会想方设法从缺乏严格管控的事情中捞取好处；而另一些人则可能感觉受到了忽视和价值被低估，因为领导对其工作不关心或没兴趣。

你了解部属吗？

在一个大型组织中，一个领导者应该要认识多少人？一个公认的数字大概是 300 人。领导者必须对核心下属非常熟悉。高效的领导者还应该熟悉组织中非正式的领导者，特别是各种少数团体的意见领袖。如果一个领导者认识的部属超过 300 人，那么，他就会花费较多的时间来记的名字，从而处理关键事务的时间就会减少。反之，如果一个领导者认识的人少于 300 个，那么他可能就会失去与那些能够提供有价值信息、思想和见解的员工接触的机会。

你善于授权吗？

很多上司精明强干精力充沛，他们身处第一线指挥整个组织的运行。然而，不幸的是，他们没有帮助下属成长为未来的领导者。愿意授权的领导，不仅鼓励下属勇于承担领导者的责任，而且也会给予他们很多心理上的奖赏。如果你经过深思熟虑后愿意放心地授权下去，你或许能够创造一个健全的组织。即使将来你无法工作或是不能胜任工作，或是你的继任者能力比你弱，组织还是能够有效地运作。最高领导者应该授权给下属，使他们能有充分的决策权而不用事事请示。许多领导者在应该"无条件"授权的时候却选择了"有条件"授权。但话虽如此，一旦面临必须授权的时候还是要谨慎行事,领导者不能急切地为了授权而授权,从而使自己完全失去对组织的控制。过度授权可能会使整个组织变得"巴尔干半岛化①",四分五裂,无人能掌控。

对于下属来说,你是不是一块"隔热板"?

每个人都有上司。身为领导者,你需要用一种成熟的心态,接受来自比自己更高级别的领导的指导和批评。如果你持续扩大来自你的上司的压力,并把它转化为给你的下属的压力,那么对你组织的士气和你自己的任务而言,你可能都在帮倒忙。有时候,领导者需要转嫁压力;有时候,你却必须让某些压力在组织内部扩散。一个好的准则是,对于任何会严重影响组织达成目标或者是对士气造成严重影响的上司的指导和方针,你应该作为一块"隔热板",将这些压力转移。你也许无法转移所有来自大老板的压力,但是至少应该转移其中的一部分。

你是不是命令或者要求部属尊敬你?

在不造成他人不舒服或厌恶的前提下,一个好的领导者应该得到应有的尊敬。一个公平的严格纪律执行者,一个只有经过深思熟虑才可能惩罚或开除一名员工的领导者,一个对自己设定的标准能够身体力行的人,这样的领导者会受到每一个人的尊敬。

如果你想教育下属,在采取行动之前,你应该严格而公平地提

---

① 巴尔干化(Balkanization),即"碎片化"(Fragmentation),原指巴尔干地区由于没有一个可以独当一面的民族、国家和实体,再加上外国势力的干预,而使得该地区成为局势紧张的"火药桶";后指一个地区没有强大的力量维护该地区的所有权,再加上该地区重要的战略和经济地位,于是成为许多对象争夺的焦点而致使局势紧张。——译者注

醒他们明白自己的职责,因为,虽然你是在服务组织,但同时,你也是在服务下属。

如果你觉得工作无聊,身心疲惫,期待退休,那就早做决断:下个月就退休,或是让其他人来代替你行使职责。你工作了很长时间搏到了这个位高权重的位置,并不意味着组织亏欠了你而要允许你在半退休的状态下混上好几年。如果你真地已经筋疲力尽了,诚实面对,早点退休。早比晚好,越早越好。

如果在经过一系列的自我反省之后,确认领导力不适合你,那么你最好另做准备另谋高就吧。领导力是一种自我提升和有成就感的美妙体验,如果不能感受到这点,那么你就不应该寻求领导工作或呆在领导岗位上。诚实地自我反省,能够帮助你判断自己是否有足够的热情担负领导工作。

自 省 清 单

自省是领导力的一个至关重要的部分。领导者如果能够清晰地了解自己、认识并善用自己的长处、知道自己的短板并懂得寻求补救的话,他们就占有很多优势。他们要比那些无法或不大愿意正确分析和评估自己的领导者要好得多。以下是生活和工作中的一些非常重要的事情,试着对照着问问自己,有助于进行自我反省。

- ☐ 我喜欢自己的工作吗?
- ☐ 我是否雄心勃勃,不仅为自己,也为他人和自己所服务的组织?
- ☐ 我是乐观主义者还是悲观主义者?
- ☐ 我的道德观和价值观如何影响到我的领导力?
- ☐ 我的诚信值是多少?
- ☐ 我是否能够理解个人的言行举止对我的工作有积极或消极的影响?
- ☐ "我眼中的自己"和"别人眼里的我"之间是否存在着认知差距?
- ☐ 我平易近人还是令人敬畏?
- ☐ 我能不能清晰并有说服力地演讲或写作?
- ☐ 我善于倾听吗?
- ☐ 我对批评和真相是否持开明态度?

- ☐ 人们是否能够依赖我——不管是寻求支持还是指导？
- ☐ 我善于决断，还是优柔寡断？
- ☐ 我是否习惯于改变而不会轻易相信一时流行的企业管理理论？
- ☐ 我是否在传统和创新之间找到了一个中间地带？
- ☐ 我是否会见木不见林？
- ☐ 我是否建立并遵守了组织的优先次序？我的部属是否也能理解和遵从这些优先次序？
- ☐ 我是了解现状，还是与现实脱节？
- ☐ 我是否在尽责的情况下做到了有效授权？
- ☐ 我是否做到了在上司的压力下免受伤害，同时使下属处于一种合适的紧迫感之中？
- ☐ 我是否不断学习，并且鼓励和督促他人也不断学习？

上述问题毫无疑问能够使你在一定程度上对自己有一个清晰的了解，还有一些个人评估工具能够帮助你更好地了解自己，比如迈尔斯-布里格斯职业性格测试（MBTI），DiSC 测评（支配、影响、稳健与服从）或者其他 360 测评工具。另外，《现在，来发现你的优势》一书也能帮助你发现你的长处，这是一本很棒的书，由马库斯·白金汉和唐纳德·克里夫顿两人合著。

二·成为有个性的领导
诚信及其他品质

> 立志成为卓有成效的战略型领导,你必须同时具备个性和战略眼光……
> 如果你一定要舍弃一样,那就只能是战略眼光了。
> ——诺曼·施瓦茨科普夫将军①

---

① 诺曼·施瓦茨科普夫(Norman Schwarzkopf,1934—2012),美国陆军上将,中央司令部司令,海湾战争多国部队总司令。生于新泽西州特伦顿市一个军人家庭。1956年自美国西点军校毕业后入空降兵部队。1961年入本宁堡步兵学校学习。1964年获加利福尼亚大学机械和航空工程硕士学位,同年6月到西点军校民事和机械工程系任教官。1965至1966年作为美军顾问参加越南战争。1969至1970年任在越美军步兵营长。回国后在国防部陆军部做人事工作。1972年8月进修于陆军指挥与参谋学院。后任步兵旅副旅长、旅长。1978年7月任美军太平洋战区总部计划处副处长。1980年8月任驻联邦德国美军第18机械化步兵师副师长。1982年复入国防部,在陆军副参谋长办公室主管人事。1983年6月任美军第24机械化步兵师师长。同年10月参加美国入侵格林纳达的战争,任副总指挥。1985年再次调入国防部,任陆军副参谋长助理。翌年6月任美陆军第1军军长。1987年4月任陆军主管作战和计划事务的副参谋长。1988年11月任美军中央司令部司令,晋上将。1990年8月2日伊拉克入侵科威特后,任美军参战部队司令和多国部队总指挥,在海湾战争中组织实施"沙漠风暴"行动,表现出较高的军事谋略和指挥才能。1991年8月退休。——译者注

> 我有一个梦想,我的四个孩子有一天能够生活在一个不是通过肤色而是通过人格内涵来评判一个人的国家。
>
> ——马丁·路德·金

可以说,作为一名成功的领导者,最重要的因素就是要成为一个有个性的人。个性代表了我们作为人的个体所拥有的所有特性——那些在我们心灵和精神深处的东西。个性是我们的行为举止的基础,它决定了我们如何生活、我们为自己的家庭和工作场所营造怎样的氛围环境,以及我们如何和人互动等等。

其他领导力技巧,我们可以通过观察领导者的行为来证实;但是,一个人的个性则很难通过简单的观察就能了然于心。需要坚持不懈地努力,你才能有所心得。

个性与你

成为一个有个性的领导是一个长期的过程。人的个性会在幼年时期初具雏形,影响的因素来自于父母、兄弟姐妹、亲戚、老师、教练、宗教领袖以及其他生活圈子的人;年岁渐长,影响个性的因素会扩展到我们的成年人朋友、配偶、孩子、上司、同事、官员和历史人物等等。

"个性"这个词很难有精确的定义。根据一部字典的定义,那就是——让一个人显得与众不同的精神和道德的复杂结合体。包含内容广泛,表现方式多样。

领导者个性：

- 有足够的勇气站出来捍卫自己所坚持的事业和信念；
- 表现出来的行为能够让他人信任他们，因为他们知道，没有信任，团队就会失败；
- 遵循道德规范——那些约定俗成的行为规范；
- 对自己认为正确的事情充满激情；
- 内心足够强大，能够征求和接受别人的意见以提高自己；
- 不怕承认错误；
- 勇于承担组织内的失败的责任；
- 表现出真正的谦逊；
- 在必要的时候，表现出严厉的爱；
- 说真话；
- 善良，尊重别人，有同理心，富有同情心；
- 对别人诚实；
- 信守承诺；
- 保证有最深的诚意来竭尽所能；
- 对他人无私；
- 了解事件的重要性，但会给予他人时间来琢磨如何完成；
- 言行一致。

这对任何人虽然都是一项困难的任务，但是去发掘工作和生活中最重要、最有意义的部分应该是当务之急。

"在我的部队中服务过的最好的士兵之一是军事长托马斯·J.克拉克，他所做的每一件事、所说的每一句话中都能看到他的个性特点,"杰夫回忆道,"我永远不会忘记汤姆所展现出来的我们在领导者身上苦苦寻找的个性的那一天。在一次我和汤姆主持的伊拉克阵亡士兵的葬礼上,这名士兵的哥哥痛不欲生,几欲发狂,这种失去至亲的痛苦的表达方式在这种场合也极为常见。汤姆见过太多的战争中这样的死亡,他非常理解一个家庭所经历的这种情感创伤。当时,大部分的人手足无措,不知道可以做些什么来安慰死者家属;但是,汤姆却践行了他的勇气、自信和同情心。他上前拥抱了这位悲伤的哥哥,在仪式过程中轻轻地抚慰他。汤姆帮助了这个哥哥、这个家庭和所有在场的人,现场仪式庄严深情,我们给予英雄以崇高的荣誉和极大的尊敬。"

贝贝·萨哈蕾亚斯[①],1932年奥运会上的一名伟大的运动员,后来成为一名成功的职业高尔夫运动员。在一次职业锦标赛中,她把球打出球场的深草区的时候,突然意识到不知道怎么回事,她打错了球。在这个回合结束以后,她惩罚了自己两个击球,这最后导致她失去了锦标赛第一的宝座。之后,在一次私下谈话中,她的朋友问:"贝贝,你为什么要这样做呢?没有人意识到你用错了球。"贝贝回答说:"你难道不懂吗?我意识到了呀!"

贝贝所展示出来的这种个人诚信来自于她笃信的人生准则,这些不仅归功于她成长过程中所受到的影响,也归功于她丰富的人生经历。她的行为道德规范最终引导了她的行为;同样地,每个领导者的道德规范应该引导他的行为,每个组织的道德规范应该

---

① 贝贝·萨哈蕾亚斯(Babe Didrikson Zaharias,1911—1956),奥运会冠军和82个冠军在手的高尔夫大师,有史以来最完美的女子运动员。她才华惊人,意志坚强,傲慢,古怪,宽容,无畏。这个"德克萨斯小子"掀起了女子职业高尔夫的革命。她曾在1932年洛杉矶奥运会上夺得800米障碍赛跑和标枪两块金牌。德克萨斯州政府为纪念贝贝而建有以她的名字命名的博物馆。——译者注

引导该组织的行为。

如果说个性是我们个人精神世界和个人特质的总和，那么诚信就是个性中的核心部分。或者，诚信诚如作家史蒂夫·卡特所说，是"所有塑造优良个性的优点当中唯一重要的"。

诚信意味着对一定的道德价值准则的坚定的忠诚，意味着对包含了正直、诚实、公正、公平和最终信任的道德规范的遵循。

在他最为畅销的《团队协作的五大障碍》一书中，帕特里克·兰西奥尼（Patrick Lencioni）宣称："缺乏信任"是队伍失败的最为关键的因素。信任存在于你所做的任何一件事中：你惠顾的杂货店，你光顾的餐厅，你参加的宗教组织，你买车的车行，你工作的雇用合同。信任无所不在，我们正是靠它来做一些日常的决定。

如果你没有按照所有人所期望的标准行事，不信任的种子就悄悄地埋下了。因此，在你最初上任的时候，你就要找机会向所有人展示你对诚信的承诺。赢得别人的信任是一个重要而意义深远的任务。当你赢得了别人的信任之后，维持这种信任也非常重要。一旦失去了别人的信任，也许就再也找不回来了。

强有力的领导在面对道德规范受到挑战时，要随时准备说"不"！当一个人的权力、威望和职级上升到一定程度，做出符合自己道德规范的决定就更加复杂而困难了。忠诚和好的道德价值有时候会呈对立态势。对于开明的领导者来说，用自己的智慧和成熟来应用道德观是一个巨大的挑战——同样，也是巨大的机遇。

人们通常认为随着职级越来越高，他们的个性和诚信水平也会随之水涨船高。但是不幸的是，我们时常看到的却是相反的状况。当一个人攀爬在权力晋升的坡道上，或是为了实现自己的野心，或是因为自负，他们可能会逐渐地"出卖自己的灵魂"，他们会对丧失个人诚信的行为做些许小小的妥协。低阶的领导者会对自己说"当我到了权力的顶峰,我一定不会像我的那个不诚实而又工于心计的上司那样",而事实上,他们最终的表现会和那个他们看不起的上司一个样。

在大大小小的商业机构、宗教组织、教育机构、体育界和政府里,丑闻比比皆是。从华尔街到国会到白宫,人们不诚信的行为将会让他们自己和他们所代表的机构付出不可估量的代价。在私人企业,道德规范的重要性似乎没有在政府机构表现得那么紧迫和明显;但是,放眼全球,诚信对于一个持久健康成长的企业体系而言,都是一个举足轻重的考量。

> 努力让你胸膛中那朵良心的火燃烧着吧。
> ——乔治·华盛顿

成为一个有个性的领导者不是一个可以讨价还价的问题——就是这么简单。

个性与组织

如果你谨守诚信原则,那么组织将会在强有力的道德规范基础上建立并运行。

如同个人的个性缺失会对其可靠性有毁灭性打击一样,公共机构个性的缺失将会严重损毁组织的可靠性。

想要成为有个性的领导,你必须对组织所信奉的价值观有坚

第一部分　把你自己塑造成领导者

定的信仰，不管价值观是存在于任务说明书、行为规则、已成文的政策和程序中，还是信条。你所作的每一个决定、所采取的每一个措施，都要以这些价值观为基础。

这些价值观必须为人所熟知，形成文档，并在整个组织内广而告之，方能使组织效益最大化。

你必须持续不断地寻找机会来表达你对组织价值观的承诺。在员工大会上、非正式聚会上、演讲中以及颁奖和表彰仪式上，你都要将价值观作为突出的主题。有个性的领导者同样会寻求机会来分享一些故事，比如遵循了组织价值观的员工行为如何给整个组织带来了积极的效果。因为，你要确保你自己的行为在遵循组织价值观上是无可非议的，你要广泛传播组织的价值观，你还有义务发展其他人成为有个性的领导者。这要辅以领导力培训项目、个人辅导计划以及咨询顾问等方式。

当你评估组织任务的道德维度的时候，你必须要认识到最终任务的完成必须建立在个人价值、人与人的平等和人的尊严基础之上。忽视这些的后果你真地担待不起。

诚信不是一件衣服，可以在上下班时随意地穿上或是脱下。在个人私生活中道德薄弱的人，很难成为一个有个性的领导者。一个人如果偷税漏税、虐待配偶或是孩子，甚至在高尔夫活动中作弊，那么这个人也一定会亵渎整个机构的诚信标准。当这样的人被推至领导者高位，他们会对机构或组织产生严重的伤害；即使短期内看不到，长远来说也一定不可避免。

支撑整个组织的诚信观念需要勤奋和专注。领导者必须要对员工不能严守诚信标准的行为保持清醒的头脑，比如他们会故意做出一些和组织诚信标准不一致的决定、对外界反馈充耳不闻、寻求简易的解决方案、不征求意见、故意忘记与他人达成的协议、不敢承认自己的过错、对他人缺乏同情心和尊重、过快接受别人的恭维，等等。一双机警的、善于观察的眼睛是会得到回报的。

如果自己的某些行为损害了组织的诚信，高效能的领导者会及时纠正自己的行为；久而久之，组织的道德水准会得以提高，从而确保每个人都透彻了解自己对组织价值的基本承诺。

诚 信 清 单

在组织内部,总会有一些地方和程序会影响诚信。但是,对你来说,如果想要保有高水准的诚信水平,需要定期地检视以下的系统和程序。

- ☐ 管理和商业行为
- ☐ 客户的诱惑
- ☐ 供应商关系
- ☐ 会计
- ☐ 预算和计划的提交和执行
- ☐ 质量和库存的控制
- ☐ 雇用和解雇的政策
- ☐ 个人的培训和测试
- ☐ 个人记录
- ☐ 认可、奖励、奖金和升职
- ☐ 报销单
- ☐ (额外的)福利补贴
- ☐ 平等的就业机会计划
- ☐ 汇报线

三·学会自律
控制时间和行程

> 时间是免费的,但也是无价的。你无法占有它,但你可以利用它;你无法留住它,但可以花费它。一旦你丢失了它,那就再也无法找回来了。
> ——哈维·麦凯[①]

> 永远不要说你没有时间。你每天所拥有的24小时,和海伦·凯勒、巴斯德[②]、米开朗琪罗、特蕾莎修女、达芬奇、托马斯·杰克逊和阿尔伯特·爱因斯坦这些人是一样多的。
> ——H.杰克逊·布朗[③]

[①] 哈维·麦凯(Harvey Mackay),国际著名人际关系大师,被国际演讲协会评为全球五大演说家之一。他是6本《纽约时报》畅销书的作者(其中3本登上畅销榜首),《与鲨共泳》和《当心裸男》跻身《纽约时报》评出的15本最佳自助成长书籍。被《财富》杂志誉为"万能先生"。——译者注

[②] 法国化学家、细菌学家。——译者注

[③] 杰克森·布朗(H.Jackson Brown Jr.),1940年出生,美国心灵励志作家,是一个用心体会人生的人,只要有机会他就会记录人们充满智慧的话语。《幸福守则》为其代表作。——译者注

现在有很多关于高阶主管应该如何管理运用时间的研究。我们曾有过机会来研究综合那些报告。此外,我们也曾近距离观察企业界、非营利组织机构和军方的高阶主管如何运用他们的时间。这里是我们的一些心得。

一家大型研究公司的CEO分享了他在时间管理方面的独到见解,这家公司为许多大型企业和政府机构做技术工作。这位CEO要求将会议开始时间安排在上午11点,不是8点、9点或10点。因为他知道许多人中午都安排有午餐约会,所以他们会尽快地讨论重要议题。当他亲自主持会议时,这位CEO就会遵循一套既定模式,会议最长不能超过一个小时。他总是在会议一开始,就申明开会的目的。如果开会的目的是为了达成决议,他通常就会说,"在四十分钟的时候,我会开始询问你们对这个问题的看法。"此外,在下次讨论同样议题的时候,那些上次开会未发一言的人通常不会再被邀请参与。因为他认为,如果这些人在一个小时的讨论后还没有什么有价值的建议的话,继续参加下一次会议,则是对其本人时间和公司时间的双重浪费。这就意味着下次出席会议的人数将会减少。这就行了,因为较小的团体比较容易做出决定。

虽然这种方式容易造成"群体思维"的氛围,但是这位CEO发现了一个可以避免此类问题的办法:在所有需要作出决议的会议中,他通常确保与会人员中有一两个最善于吹毛求疵的人。他期望这些人能够用批评的方式或是其他可行的解决方案来挑战手头正在解决的问题。

另一种他经常使用的时间管理技巧就是看通电话的时间长短。部属如果和他电话通话超过15分钟,他会私下里教导他要长

领导者的规则与工具

话短说。

斯蒂芬·柯维①的紧急/重要矩阵法,是杰夫发现的另一种有助于有效利用时间的办法,在他那本最为畅销的名著《高效能人士的七个习惯》一书中有比较详细的描述。在"习惯三:要事第一"中,柯维主张要认识任务的四个分类:(1)重要且紧急;(2)重要但不紧急;(3)紧急但不重要;(4)不紧急也不重要。通过这个矩阵分析,将有助于你聚焦重点,减少时间在次要的事务上。

德怀特·戴维·艾森豪威尔②在成为美国总统之前,就曾在军队、国际性组织和学术界积累了相当的领导经验,他非常清楚决策的流程。他了解重要任务和一般事务之分。他有条不紊地将自己文件篮中众多的有待决策的文件,分发退回给适当的内阁成员

---

① 史蒂芬·柯维(Stephen Richards Covey,1932—2012),世界著名管理学大师,被《时代》杂志誉为"思想巨匠"、"人类潜能的导师",入选影响美国历史进程的 25 位人物之一;英国《经济学人》杂志推举他为"具前瞻性的管理思想家"。他是柯维领导力中心创始人,富兰克林·柯维公司(Franklin Covey)联合主席。著有《高效能人士的七个习惯》《领导者准则》等畅销书。——译者注

② 德怀特·戴维·艾森豪威尔(Dwight David Eisenhower,1890—1969),美国五星上将,第二次世界大战十大名将之一,美国第 34 任总统。第二次世界大战期间,他担任盟军在欧洲的最高指挥官,1944—1945 年负责计划和执行监督进攻维希法国和纳粹德国的行动;1944 年 6 月 6 日,他成功指挥了扭转战局的诺曼底登陆。1945 年 7 月任美国驻德国占领军总司令。同年 12 月任美国陆军参谋长。1948 年 2 月退役,任哥伦比亚大学校长至 1953 年(但从 1950 年起一直缺席而担任北约司令)。1950 年再次服役,任北大西洋条约组织武装力量最高司令。1953—1956 年任总统,任内大力发展核武器和空军,推行大规模报复战略和战争边缘政策。被后人认为是 20 世纪政绩最辉煌的美国总统之一,被美国《大西洋月刊》评为影响美国的 100 位人物第 28 名。著有《远征欧洲》《受命变革》《缔造和平》《悠闲的话》等。
艾森豪威尔是戎马半生、战功卓著的美国总统。现代战争需要各方面的知识和人才。要使各方面的作用充分发挥,而不互相摩擦、自我消耗,就要有人从中协调。他在具体战役指挥上可能不如巴顿、蒙哥马利,但是他在协调各方面关系上极具才能。他以坚定、镇静而又平等待人的态度赢得了广泛的信赖和支持。他还善于发现人才,所以蒙哥马利、巴顿、范佛里特等一大批名将,都能为他所用。
"领导力达到艺术的境界,就是让他人心甘情愿地来做你想让他们替你完成的事情。"这是他关于领导力的一句经典名言。——译者注

32

或机构首脑来守夺。艾克①会在这个文件上附上一张便条,"这不是总统该做的决定。"总统希望他们各自来做决定。因为他这样做了,所以艾森豪威尔有了更多的时间去思考真正重要或特别敏感的问题,也能有时间反省过去和计划未来。

在你不断升迁的过程中,许多有用的时间管理方法是值得学习的。比如:高效的领导者知道如何清晰地口述指令。泰迪·罗斯福②一小时最多能口述25封信。(他能够交叉在两个秘书之间口述指令。)通过这种口述命令的方式,他可以在几个小时内就完成了一天的大部分工作。过去,迅速而高效的口述需要一名听写能力强的秘书来配合。现在好多了,已经有了语音识别的软件,领导者可以直接请电脑代劳。听写,这个几近绝迹的艺术,又有了卷土重来之势。佩里从老罗斯福那里学到了这个技巧,他的书的大部分都是通过听写速记的方式来完成的。这种方式需要句子简单,不能有很多很长的短语,不能有太多的复杂的单词;本书就是这样的产物——通俗易懂。

速读——是管理时间的另一种方法。如果领导者能够快速地阅读并迅速地抓住要点,那么时间就能得到有效利用。上一门速读课或是自己练习速读是很有帮助的。此外,对那些大量使用电

---

① 艾森豪威尔的小名、昵称,军中士兵常这样称呼他。第一次竞选总统的口号是"我喜欢艾克"(I Like Ike),他第二次竞选总统的口号是"我仍喜欢艾克"(I Still Like Ike)。——译者注

② 西奥多·罗斯福(Theodore Roosevelt,1858—1919),人称"老罗斯福",昵称泰迪(Teddy),美国军事家、政治家、外交家,第26任总统。他的独特个性和改革主义政策,使他成为美国历史上最伟大的总统之一。他在总统任内,对国内的主要贡献是建立资源保护政策,保护了森林、矿物、石油等资源;建立公平交易法案,推动劳工与资本家和解。对外奉行门罗主义,实行扩张政策,建设强大军队,干涉美洲事务。因成功地调停了日俄战争,获得1906年的诺贝尔和平奖,是第一个获得此奖项的美国人。他被《大西洋月刊》评为影响美国的100位人物中的第15名。——译者注

脑和电子邮件的领导者来说，市面上有速读软件可以使用（首推Speed Reader-X）。如果你能在一两个小时内很快批完公文（而阅读速度慢的人可能要花上一整天），你就有更多的时间可以和伙伴在一起，就重要议题召开有实际意义的会议，成为真正的领导者，而不是一整天坐在办公桌前的管理人员。

你务必十分仔细地计划一周乃至一个月的时间安排，这种安排要符合时间表、身体健康状况和优先计划。

每天保有一定的"开放时间"是个好主意。这个时间专门用来思考、处理危机、接见意外的访客或是处理一些瞬息万变的事情。

如果时间表从早到晚都挤满了十五分钟或三十分钟的约会，你对时间的管理就太差劲了。这表明你介入了细枝末节，没法去思考和计划了。此外，有些下属真地需要见你，但他们往往无法如愿，因为你的时间表排得太满了。

一般来说，一小时只应安排一件事。在你的时间表中，会议和事务之间也要预留一定的弹性时间。你可以利用这些时间来回电话、处理公文或准备下一场约会。当职级越来越高，越来越多事情需要你劳力费神，这是客观现实。越来越多的人想要、必须要见你。聪明工作，不要辛苦工作；拒绝浪费时间的人或事。如此一来，你就能在漫天的俗务中优雅从容、游刃有余。作为一名领导者，你要理解自己有权决定怎么来运用时间，这是领导力的关键要素。好的时间管理，需要训练有素的部属、坚决的态度和合理的计划。

会议检查清单

设计这个清单的目的是为了提高会议的有效性,参会者、日程和时间分配等,都要聚焦于会议成功与否的关键要素。

- ☐ 会议的目的是什么?
- ☐ 日程安排是什么?
- ☐ 谁来参加?
- ☐ 会议邀请函有没有发送给所有的分支、地区办公室、国际部门、工厂和销售部门等等?
- ☐ 需不需要法务参加?
- ☐ 需不需要公共关系人员参加?
- ☐ 如果参与者不能出席,他们可不可以通过电话会议、视频会议或是其他方式进行?
- ☐ 我想自己亲自主持会议,还是让他人代劳?
- ☐ 我对会议的长度、报告的次数及时间长短有没有总体规划?
- ☐ 在这次会议中,我是否要执行这些限制?
- ☐ 如果不是,我是否要在会议一开始就宣布我的立场?
- ☐ 分配给这个会议的时间有多长?
- ☐ 开始和结束的时间?
- ☐ 我是否提前宣布了会议开始和结束的时间?

- ☐ 是否有重要人员提前离场？如果有，是谁？是否需要调整会议议程，以便让他们在离开前有时间先发言？
- ☐ 有没有报告要做？
- ☐ 如果有，由谁来做？
- ☐ 每次报告是否限制时间？
- ☐ 有没有充分的讨论时间？
- ☐ 我的会议策略是什么？
- ☐ 我有没有计划让会议按照我的剧本进行？
- ☐ 谁是主要的反对者？
- ☐ 妥协是否可行？
- ☐ 妥协是否明智？妥协是否会导致一个较差的解决方案？
- ☐ 是否要在会上做出决策？
- ☐ 如果不是，我是否要宣布会在何时以何种方式做出决策？
- ☐ 谁来负责执行决策？
- ☐ 谁来做会议记录？
- ☐ 有没有会议纪要？
- ☐ 会后是否将行动项目书面确认？
- ☐ 是否需要加开会议？
- ☐ 如果需要，这些后期加开的会议是否需要在这次会议后宣布？
- ☐ 如果不需要，我是否宣布这个问题到此为止？

四·管理电子化世界
对今天的领导者的最新挑战

> 很多人觉得他们必须要多任务同时处理,因为别人也都是如此,但这在一定程度上,也是因为他们太过于互相干扰。
>
> ——玛丽莲·沃斯·莎凡特[①]

众所周知,手机、智能设备和电脑等给我们打开了通往浩瀚的资讯海洋的大门,能够轻而易举地满足我们的任何需求。毫无疑问,这些设备使我们变得更有效率、同时也提高了生产力,但是我们付出的代价是什么呢?父母在孩子周末的运动会上处理工作邮

[①] 玛丽莲·沃斯·莎凡特(Marilyn vos Savant),1946年8月11日出生,是截至2013年为止吉尼斯世界记录所认定拥有最高智商(IQ)的人类及女性。当她于1956年9月10岁时在斯坦福-比奈(Stanford-Binet)成人智商测验中得了满分228后,当地学校董事会一位心理学家说他从未见过这样的事。后来数十年间陆续接受数次智力测试,测出的智商有167+以及186、218、230等。长期在《展示》(Parade)杂志开辟名为"问问玛丽莲"专栏,专门回复读者提出的各式各样的问题,从数学到人生不一而足。——译者注

件；朋友在聚餐的时候接听工作电话；在传达简报的时候，参会人员在下面玩手机。这样的事情每时每刻都在发生，但是我们给出的借口是"我知道我不应该这样做，但我必须马上处理。"的确，有很多事情需要人们马上处理，但是，对于我们中的大部分人来说，真的是这样吗？如果我们晚回了集团的邮件，公司不会陷入崩溃；如果上司的电话直接进了语音信箱回复，他不会因为你晚回了电话而感到沮丧。你是想让电子设备掌控生活，还是想让它们帮助你更好地管理时间来获得工作与生活的平衡？

领导力的建设和所有人相关，最好的方式就是通过个人的、面对面的接触交流。借助电脑、手机和其他的智能设备，领导者可以随时被找到、可以随时接受汇报，那么，他和部属间的个人接触就会减少，而这一点对领导力来说又是非常重要的。和部属的目光对视，不仅可以确保你传递的信息被充分理解，而且也能使部属可以提出疑问，而不至于像苦等一封 Email 那样陷入焦虑和急躁那样。

Email 和短信如果运用得当，在与组织沟通过程中可以起到强有力的作用。但是必须考虑到，以上这些交流方式也可能对组织产生负面作用。在如何回复一封令人生气的邮件的时候，要非常注意措辞。邮件来往中的对峙通常会导致愤恨，造成不必要的焦虑和压力，最终给人和人之间、组织和组织之间的关系带来不利影响。当你遇到邮件对峙，请务必好好想想。你可以选择给他回电或是面谈。不要用邮件的方式来谴责和责骂人。邮件和短信的不当使用，在与人沟通过程中，会给整个组织力量造成巨大消耗。

高效能的领导者使用电子设备来加强他们的领导方式，而不是作为与人面对面沟通的替代。对电子设备的有效管理，将有助于你有更多的时间来与部属互动,来战略性地思考如何更好地服务于组织以及完成所有的任务,来更好地平衡工作和生活。你儿子在少年棒球联盟的比赛中在九局下半击出的一支全垒打,你女儿在小飞侠中扮演的温蒂,以及永远不会重来一次的各种各样的纪念日,如果因为一封 Email 或一个常规电话而错过,你真地会心甘情愿吗?高效能领导者绝不会放任电子设备控制他们的生活。

二三十年前,当我们刚刚开始使用电子设备的时候,不管是寻呼机、PDA、电脑和手机等,我们都被灌输这些设备将会帮助我们更容易地掌控自己的生活。这些设备会使我们的工作更有效率,而让我们有更多的空闲时间来做那些我们心之向往的事情。天呀,这些想法是多么地天真!现如今,绝大多数的领导者都已经被他们的智能设备和无线网络所彻底控制了。大部分的晚上时间,领导者在家里通过电子邮件处理大量的工作。为了让领导们更好地领导他们的部属,他们必须要学会合理地管理时间。阿兰·拉金①在《如何掌控自己的时间和生活》一书中说道"时间等于生命;浪费时间就是浪费生命,掌握时间就是掌握生命。"管理电子工作空间对提升领导力技能非常重要。只有管理好了自己的时间,你才能有机会与团队充分互动。

智能手机的运用成为当今管理的最大挑战之一。这些设备的方便性和可移动性使得领导者的工作更为方便快捷。但是,如果不当使用,这些特性就会起到相反的效果。在这样一个智能手机

---

① 阿兰·拉金(Alan Lakein),哈佛大学 MBA,美国"时间管理之父",他率先创立了科学的时间管理方法,后由史蒂芬·柯维(超级畅销书《高效能人士的七个习惯》一书作者)继承并发扬。《如何掌控自己的时间和生活》是时间管理领域最为杰出、最为经典、影响最为持久的作品。——译者注

领导者的规则与工具

时代,领导者随时随地保持与部属的联系,时时刻刻处于待命状态以应对上司提问。他们可能都忽视和忘记了他们的团队成员也有能力去回复这些问题。常常,我们被迫通过手机来提供一些并不那么准确的回答给提问者,因为没有更多的时间去和其他可能知道更完整、更正确的答案的人去讨论和确认。这就会陷入到一个"循环对话"的怪圈中,一个不那么正确的答案让提问者又提出了另一个需要澄清的问题,然后一个又一个。如果有足够的时间去考虑最初的那个问题,也许第一个回答就能给出最好的答案。时间就这样地浪费在"互相等电话回复"的过程中了。

电脑是另一个浪费时间并且导致你不能专心领导团队的元凶。无论是台式、便携式、平板,还是笔记本电脑,我们所依赖的来处理日常信息的设备都是在消耗我们的生命。我们在长时间地等待来自大老板的邮件回复,因为我们认为这是一定要立即处理的,在这个过程中,也许我们已经错过了孩子的制胜一球或是独唱音乐会。信息很容易获得,电脑和其他设备深化了微观管理的理念。但是,无形之中,它们把许可、信任和良师益友的氛围消灭了。这些设备的过度使用导致了管理的危机,因为电邮推进了采取行动的进度,扼杀了讨论的机会。电脑和其他设备使得领导者在做出一些重要的决定时,没有经过面对面的讨论,不能够及时听到一些反对的声音。华特·迪士尼公司重拍的《阿拉丁》中饰演"精灵"的罗宾·威廉姆斯[1]

---

[1] 罗宾·威廉姆斯(Robin Williams,1951—2014),美国喜剧电影导演、演员。在《阿拉丁》中担任的是一个小角色,对于此次工作他同意只需支付其7.5万美元的酬劳,而通常情况下他的演出酬劳达800万美元。在这部电影中,他配音的精灵变得有血有肉,充满了乐趣,这也成为整部电影成功的关键,《阿拉丁》在短时间内票房就超过2亿美元。由威廉姆斯配音的精灵角色,证明了动画电影不仅可以能给孩子带来欢乐,同样也可以为成年人带来愉悦的观影体验。他幽默风趣的表演使影片一炮而红,顿成经典,更是电影史上首次由大牌明星为动画角色配音,引来众多明星纷纷效法。——译者注

解释精灵世界①的原则：无尽的力量，住在小小的空间里。

主动管理

我们要获得对我们的电子设备的主动控制权，首要的也许也是最简单的，就是——关掉它！我们可以使用 on/off 按钮，也可以使用设备本身就有的一些其他功能。简单来说，把手机调到静音状态就能使你全神贯注于眼前正在进行的谈话。你必须一步步地采取措施来预防手机声音的干扰。同样地，当你在办公室和来访客人或部属谈话时，必须关掉新邮件的声音提示，必须关掉电脑屏幕。一些诸如把电脑屏幕背过去之类的简单做法，让谈话的人都看不到屏幕，这也是有效避免电子设备干扰的一种办法。把智能设备放到你够不着的地方，直到会议结束，这是一个明智的决定。

另一个高级管理人员经常使用的方法就是在会议前，把手机交给一个不参加会议的亲信，让他来管理你的手机。给他一定的处理电话的权限。比如可以对每一个电话都回复"老板正在开会，他会议结束后会马上给您回电"。如果真有非常重要的事情，秘书可以进来打断一下会议并寻求你的指示。

你可以用批处理的方式来管理涌进电子设备的信息。选择一段时间来集中处理这类事务。比如，一天之中划出一段或两段 60 分钟的时间段来集中处理所有的邮件。在这段时间框框里，你只

---

① 精灵世界是人类、天使世界之外独立的又一世界，他们与人类有很多共同的地方，如有理智、感觉和辨识好歹的能力等；同时又有很多方面不同于人类，如行动迅速等。又被称为"镇尼"，因阿拉伯语"镇尼"一词是隐藏的意思，意即人类看不见他们。——译者注

回复邮件。不接听任何电话，不参加任何会议。到了60分钟截止时间，就停止处理邮件，去做另一项事情。在一段时间内处理同一类工作，会让你集中精力在单一事务上，减少多任务同时执行的互相干扰。

我们中有一些人不敢关掉自己的电子设备，因为我们坚信我们的同事和上司朋友必须可以随时联系得到我们。不要假设你是唯一能够解决他们问题的人。在某些情况下，这种假设也许是正确的；但是在其他大部分情况下，其他人也可以提供同样的支持。你必须训练下属来正确使用你给予的授权。你也必须让他们清楚了解你希望得到的成果。任何的约束和限制都应该事先充分沟通，同时，你要确保随时可以接受咨询和提供额外的建议。内部的适当授权有助于组织内信任感的形成。有效的授权可以提高工作的质量，同时也有助于荣誉感和主人翁精神的形成，有助于你有更多的时间来专注于管理和自己的任务。适当的授权或许可，能让我们对自己的生活和身边的电子设备有更好的掌控。

为了减少你不在办公室的时候涌到电子设备的留言、邮件和短信，你可以指派团队中的某个人来代替你做决定。很明显，有一部分事情需要你个人的关注，但是也要决定哪些事情可以由部属来处理，或是给予他们权力来处理。更重要的是，当部属过于频繁地使用电子设备和你联系的时候，你一定要提醒他们注意在使用电子设备方面的自我控制。

当你在休假的时候，指派一个助理来回复任何的问询。这会减少你收到的信息量，同时也和助理之间建立起一种互相信任的关系，提供给他一些机会来学习如何做出一些艰难的决定。

想要通过电脑来领导团队是又一个很多领导者会犯的错误。

为了更有效地控制邮件,敬请参考一下几点做法(4D)。

1. 执行(Do it)

一旦你收到一封邮件,你要做出的第一个决定就是"我需不需要立刻完成这件事或是让其他人来完成这个任务?"如果你最终决定由你自己来完成的话,那就不要给自己第二次去打开这个邮件的机会。这一点会帮助你减少你邮箱中邮件的数量,使你能够专注在那些真正重要的事情上;如果有人可以代替你完成这件事情,那么可以进行下一步。

2. 授权(Delegate it)

如果你要委托他人来处理一封邮件,那么要清楚地把自己的意图传达给他人:需要做什么,责任如何划分。如果你决定自己来完成,那么考虑下一步。

3. 分配(Designate it)

你需要在时间表里为采取行动或完成任务分配相应的时间。如果你确定你或是团队成员都不需要再采取行动,这封邮件在将来也没有什么其他用处,那么可以进入下一步。

4. 删除(Ddelete it)

你可以借助用以协调电子办公的方法还有很多,很多电子设备本身就附带有这样的功能,比如邮件应用。如果你根据优先顺序来用不同的颜色对邮件进行分类,那么第一眼就会看到最重要的,并及时处理那些最为紧急的事务。当你不在办公室的时候,设置邮件自动转发功能,这些行政管理类邮件就能直接转发给合适的下属去处理。你在休假期间,设定一个功能,让所有来自重要领导的邮件自动转发给秘书或助理,他或她就能够在你无须介入的情况下迅速进行回复。按照不同主题设置几个文件夹来对对应的邮件进行存档处理,这样你就能够把邮件从邮箱中移出,但是要用的时候还是能够很方便地找到。如果你希望你所授权的行为有一个明确的结果,那么可以使用"追踪"标志功能。这个方法能够时刻提醒你在某个截止日期前你希望得到的成果。你越是能够很好地管理好邮箱,你就有越多的时间和部属见面、讨论或是指导他们。

  日历应用功能,这是另一个可以更好地运用电脑来管理时间的方法。保持一个完整的、更新过的日历,不仅可以管理时间,而且能够更好地帮到部属。首要且最重要的是,让直接下属了解时间表;如果可能的话,让整个团队也知道。这有助于建立团队内部的信任感。这样可以让下属明了什么时候找你讨论一些重要的事情才是合适的时机,减少了当你正在忙于其他事情时来自下属的不必要的打扰。如同在邮件中使用颜色来标识重要程度,同样可以用颜色来对约会进行分类管理。这不仅让下属知道你正在着手的是哪一种事务,而且颜色也比较容易让人一目了然。确保私人和公务约会都在时间表上体现了。如此,团队可以围绕着日程来安排各自的活动。这是一个让下属知道——工作和生活的平衡不仅对他们很重要,对你同样重要的——好方法。

  在电子化工作空间里,领导团队最重要的一点是,要让下属了解你的期望值,并就此和部属进行沟通交流。如果你想让下属积极主动,不用事事汇报请示,那就确保他们了解你想要什么,什么时候要,以什么方式要。

我们见过太多的高级领导者，把下属的休息时间，包括晚上、周末、家庭时间用工作邮件和电话给占满了，涉及的任务根本不那么紧急。这种对员工神圣的私人时间的侵犯导致的结果就是纠纷、不信任和道德问题，不仅对员工本人有害，对他们的家庭也是一个不稳定因素。整个组织的表现水平——最终也决定了整个组织所能得到的成果——在这种环境下都会深受其害。

好的领导者应该有一整套政策来管理邮件和团队下班后的交流。他们应该确保下班后只有万分紧急的事情才能去打扰别人。无论你制定了什么政策，都要坚定不移地执行。

电子设备管理清单

- [ ] 关掉它们。
- [ ] 批处理。
- [ ] 尽可能地授权：责任不能转嫁，但是权力可以转移。
- [ ] 在进行电子化沟通时，运用 4D 原则：执行，授权，分配，删除。
- [ ] 用预存的应用程序管理邮箱和时间表。
- [ ] 对电子化沟通形成你自己的想法，并让部属知晓。

五·为大老板工作
下级主管的考验和机会

> 战争是武器交锋,但是输赢却取决于人。是从属者和领导者的精神赢得了胜利。
> ——乔治·巴顿将军[①]
>
> 所有的上司上头还有上司。
> ——无名氏

[①] 乔治·巴顿(George Smith Patton, Jr., 1885—1945),美国陆军四星上将,以在第二次世界大战中,在欧洲战场先后指挥美国陆军第7集团军和第3集团军而闻名。美国陆军装甲战学说发展的核心人物。他加入了美国远征军新成立的坦克军团并参加第一次世界大战,在美国被卷入第二次世界大战时成为美国第2装甲师的指挥官。战争结束后,巴顿曾短暂担任巴伐利亚的军政府首长,然后成为美国陆军第15集团军指挥官。曾任美国第一次世界大战名将约翰·潘兴的副官并深得其赏识,领导风格师法潘兴,主张强硬和果断,有积极进取、胜券在握的领导风范。巴顿说:"领导艺术是赢得战争的关键。我有这种能力——但我可不知道如何定义这种能力,也许它包括你知道自己想干什么,然后去干,如果任何人插手干涉的话,你就会发疯。自信和领导才能是一对双胞胎。"——译者注

有什么好办法可以让上司成为一个更好、更开明的领导者,而又不影响你和他之间的关系,也不会让你的职业生涯危如累卵呢?大部分高级领导者都自认为他们已经拥有了领导别人的能力。他们很少阅读管理类或是领导力的书籍,也不觉得自己需要从部属那里得到关于领导力的什么意见和建议。如果下属给上司一本有关领导力的书,他们会觉得自己受到了侮辱,认为你是在暗示他们在这方面需要学习。

与能力不足或是有缺点的上司相处的时候,需要特别的帮助他们的技巧。通过努力帮助,你会赢得同事的尊敬和爱戴,同时也会让你在职业生涯上有所作为。帮助领导最好的办法,就是在社交场合或是运动比赛时向他们提出你的想法,那时他们心情放松,也比较容易接受新观念。你可以用以下方式来展开对话:"这些比赛的人真是让人失望,"或是"我觉得我们需要做一些事来提升员工的士气。"如果你用这类开场白的话,最好事先能收集一些资料来印证组织中的确有些士气问题。这类资料可能包括非常高的缺席率、书面抱怨的增加、工会领导者的反面反应,或是生产成品出现高于平时的退货率。如果上司赞同你的看法,也许你可以接下来趁机提出一些能改善情况并且提升他的权威的建议。

久而久之,随着上司习惯于倾听你的分析简介,你或许能够提醒他有些过往的决策有所不当,并且需要重新调整。当然,"直谏"上司有风险。有些恶劣的上司,不仅拒绝接受建议和批评,还会因此怀恨在心。(在看这一章的领导们,不妨扪心自问,并请主动反省一下,对于你们领导力方面的批评,你们是不是有容纳的肚量?!)

另一个有效的办法是,建议大老板让一名下级领导参加一流的管理和领导力课程,事后向公司的高级领导报告自己的取经心得。还有一个比较好但是比较有风险的方法,就是领导者本人亲自去学习一些一流课程,如北卡罗莱纳州格林斯伯罗创意领导中心举办的为期一周的课程,或者其他知名商学院提供的四周在职课程。

如果你必须为能力很差的上司工作,将这些上司分分类将会对你有所帮助。为一个懦弱型上司工作和为其他类型上司工作是完全不同的;其他类型有诸如 A 型、权力型、放任型、鸡婆型、自大型和享乐型等。在过去的四十多年里,我们俩都曾为这些类型的上司工作过,并以旁观者的角色长期观察他们的所作所为。

A 型上司　常常倾向于微观管理,也就是工作狂,而且可能会要求员工长时间加班。他们通常对于内部批评反应过度,并且拒绝授权给下属。作为下属,必须对一些不现实的最后期限据理力争。如果说不通,那就要就某个特别不合理要求坚定地表态,这样做,通常都会得到他们的注意和支持:"我可以在今天下班前给你一个答复,但那将是一个无用的垃圾。如果你能给我一个星期的时间,那么我可以给你一个我们都引以为傲的答卷。"

权力型上司　喜欢参与组织中他们无法控制的部分。"领土"概念对于他们来说是非常重要的,他们几乎不放弃任何组织事务,害怕他们的权力空间受到削弱。权力型上司沉迷于自己所设计的改组计划,这些计划通常导致更多的员工、更多的预算和更多的集权。员工要懂得十分小心地应对这样的上司,但有时也要让这种上司知道,员工也会因为被更多授权而工作得更加认真且更有效率,这间接提升了上司的声望。低阶主管应该小心地向他们的上司阐明,追求权力的行为不仅会影响全体员工的士气,继续这种行为还会迫使一些有能力的人挂靴而去或是向更上层级的大老板抱怨。权力型领导者自己没有安全感。有时下属可以利用上司的不安全感来遏制他们的不良企图。

懦弱型上司 常常犹豫不决,不敢做出采取任何强硬行动的决定。他们的领导哲学似乎是"不跑垒,不挥棒,就不会犯错①"。比如,懦弱型上司情愿让无能的下属拖累整个团队,而不愿意去将这个人免职。身为属下,你可以帮助上司来做决定,并且让他们清楚你所做出的那些决定。一旦决定有所失误,你要主动承担责任。如果事情成功了,也许不会归功于你,但是至少组织不至于瘫痪。还有一种应对这种懦弱型上司的办法,就是发信告诉他们你将要采取的行动,如果一个星期内没有得到他们的回复,你就直接付诸行动了。你要表明你愿意为自己所采取的行动负所有的责任,以使他们安心。

放任型上司 对下属来说,通常是容易一起工作的,因为他们会放手让你去做,并同意由你自己做决定。但是,这类上司有时会与行动脱节。如果是这种情况,试着告知他重要的问题,免得你的

---

① 跑垒是棒球比赛中队员击球上垒和上垒以后继续进攻的一项极为重要的基本技术。比赛中,攻方队员的上垒进垒、偷垒以至得分,都是通过跑垒才能实现。因此,跑垒是攻击的重要技术之一。可以说,能否巧妙运用跑垒,决定球队得分差异。能巧妙地跑垒,可协助打击力,增加得分机会,故跑垒与打击是球队增加分数时不可分割的重要攻击技术。棒球,是一种以棒打小球为主要特点的集体性球类运动,在世界上影响较大,被誉为"竞技与智慧的结合",它在美国、日本尤为盛行。——译者注

行动和上司的看法相距太远。你可能有机会去改变放任型上司对事情的看法和对组织的政策,但是必须以负责、诚实和小心的态度来应对。

享乐型上司　只对他们的高尔夫球赛、下一场社交应酬和下一次的旅行感兴趣,以至于变得越来越难以接地气。不同于放任型上司,享乐型上司愿意信任并放权给下属,而且他们对日常琐事根本不感兴趣,有时候当你需要帮助的时候,他们也会袖手旁观。试着与比上司低一层级的领导保持接触也许会有所帮助,如果上司已经是公司董事长,那么试着与董事会的其他成员建立联系,以便你能获得必要的支持和帮助。

幕僚控型上司　通常有一大群聪明的幕僚人员在幕后引导。这对幕僚人员来说是十分有成就感的,尤其是上司愿意采纳他们的决定并且付诸实施。然而,这种情形对工厂、地区办事处和一级活动中心等下级主管来说,却是十分令人沮丧的,特别是当领导者根据幕僚人员不实或是有偏差的建议作出不良决策时。如果你所经营的组织在地理位置上与公司总部相隔甚远,你首先应试图通过上司的幕僚人员来解决问题,以期争取他们对你的想法和建议的支持。如果这条路行不通,想办法让上司定期与你会面,不要幕僚人员在场,以便你能向上司坦言你的疑虑。最后,在某种特定的情况下,你可以对上司说:"我们都很仰慕你,但是你的幕僚人员常常为难我们。"或是说,"你的幕僚人员很好,但是他们对情况的了解不是那么完整。"

自大型上司 只想听别人说他们做的事情是如何地英明正确。这种类型的上司不欢迎别人质疑他们的判断、智慧或决策。一旦有人质疑,他们就会进行自卫,反驳和威胁提出批评意见的人。如果事情办成功了,就是他们领导有方;如果有事情搞砸了,一定是别人的错。要避免直接批评这种类型的上司。然而,下属还是可以用委婉巧妙的方式,让这种类型上司以为这些观念是他们自己的,从而将一些观念植入到他们心中。当这种类型上司以你的想法或是你下属的想法邀功时,不要和他争论。但要记住自己的功劳,或是亲自谢谢和奖励帮助过你的那名下属。

鸡婆型上司 即使对最例行的事务也要给太多的具体指示。这种上司视下属为小学生或智商很低的人。如果上司是个鸡婆型的人,你要寻求和他私下会面,委婉地解释你完全有能力处理这些例行事务,只需要些微指点,或是根本不需要指示。如果这种方式行不通,那么想办法让自己变得很忙,以至于没有时间和上司长时间开会讨论。第三种方式,就是建议上司自己处理某些事务,以便让你自己能够集中心力应付其他问题。有些鸡婆型上司如果不能一直保持忙碌的话,自己会觉得很内疚,第三种方式也许可以让他们忙得没有时间给你太多建议。

即将退休型上司 面临职业生涯的尾声,不再有太多精力或是兴趣来尝试新事物、与下属沟通和处理顾客的问题。这种类型的上司通常很容易识别,因为他们常常说:"让我们回到以往做事的那种方式吧。"在这种类型上司中,很多人只想在最后一两年不理世事来好好享受他们多年来辛苦工作的成果。你可以尝试着将此当作给自己创新发挥的机会。如果你不想要上司做太多事情，或是根本不用上司做任何事情，说不定他会接受你的想法。另一种方式是，向这种类型的上司建议树立一个典范。许多原本想混日子的上司会因为一个微妙的诉求而受到鼓励——一种"我们希望看到你在退休时能为事业划上一个完美的句点"的想法。另一个有效的办法是，让上司在最后一年中多多旅行。当上司不在时，就是你和下属大显身手的时候了。

很多时候，下属对于领导力不佳的上司多采取敬而远之的态度。如果美国的经济、政治和军事系统在未来一个世纪里想要继续蓬勃发展，那么就要有赖于所有的下属和管理层一起采取行动，改善这个国家的企业、政府机构和非营利组织的领导方式。

"下属力"和领导力是密不可分的。领导者需要好的下属；下属需要好的领导者。机构、组织或是公司要想蓬勃发展，领导者和下属之间必须要有良性的互动。下属应该牢记：没有领导者希望失败。没有领导者想被人认为是懦夫、无聊的人或是独裁者。如果下属了解担当领导者职业就会凸显个人优劣的一面，并愿意协助领导者追求最好的一面，就可以使组织表现得更好，并提高整个组织的士气。

通过观察领导者，不论是正面的还是负面的，你都可以学到很多。不论上司是委派你、授权你或是对你漠不关心，你都要尽可能地寻求和争取机会来实践领导力，这样，你就可以为将来更大的挑战和机会做好准备。固定的阅读计划，定期参加高级主管培训研讨会，随手记下好的句子、幽默的故事和笑话，这些都将对你有所帮助。此外，你应该积极争取在社区、教会、专业社团和俱乐部担任领导职位的机会。最后,在你沿着公司或机构的层级往上升迁的时候,你应该记住:当你有朝一日成为领导者的时候,许多人将会期望你能尽力表现自己最好的一面。

第二部分
领导他人

六　教育,训练,指导以及建议	九　激励部属
七　建立你自己的领导模式	十　解雇
八　雇佣	

六·教学、教练、指导及辅导
从新观念和反馈中成长的领导者

> 生活中最具美感的补偿之一,就是当一个人真诚地帮助别人,实际上他帮到了自己。
> ——拉尔夫·沃尔多·爱默生①

教学、教练、指导和辅导都是重要的技能,如果能掌握之,则将使组织更好地运行,也能造就更多有能力和有激情的部属。它们都是以发展人的技能和知识、发展自省能力为目标,但是在各自的使用途径上不尽相同。

---

① 拉尔夫·沃尔多·爱默生(Ralph Waldo Emerson,1803—1882),美国思想家、文学家,诗人,确立美国文化精神的代表人物。美国第 16 任总统林肯称他为"美国的孔子"、"美国文明之父"。他是当时的大演说家之一,他以低沉的声音令听众着迷,相当具有热忱,并以平等的态度对待且重视听众。重要演讲稿有《历史的哲学》《人类文化》《目前时代》《美国学者》等。1838 年,爱默生在《神学院献辞》中批评了基督教唯一神教派死气沉沉的局面,竭力推崇人的至高无上,提倡靠直觉认识真理。"相信你自己的思想,相信你内心深处认为对你合适的东西对一切人都适用……"著有《论文集》《代表人物》《英国人的特性》《诗集》《五月节及其他诗》等。他的诗歌、散文独具特色,注重思想内容而没有过分注重词藻的华丽,行文犹如格言,哲理深入浅出,说服力强,且有典型的"爱默生风格"。他要求美国哲人做独立思考者,不做别人思想的应声虫。——译者注

领导者的规则与工具

当我们说到教学,我们通常会想起在教室或是组织里的专家们,给学生传授知识,分享新的想法、概念、技术和信息等等。他们营造出一种有利于学习的创造性氛围——不过学习的重任还是在学生这边。

教练毫无疑问具有教学的特点,但是它更侧重于培养和开发人们去获得某种特定的成果或才能。训练需要与团队成员经常接触,并给他们提供有规律的反馈意见。

指导包含了教学和训练的特征,但是经常局限在一种正式或是非正式的高级教练(通常是督促帮带)和初级学徒之间的关系。

辅导,从另一方面,涉及在领导者及其即时报告之间的一对一的场合。这种场合为教学、教练和指导提供了机会,主要目的是对员工的进步(或不足)、挑战和成功提供一个有规律的回顾,以及对如何更进一步地实现目标和完成组织赋予的任务提出一个概观。

采用以上的任何一种方法,其中一大障碍就是,领导者要有能力确保目标对象不至于过于自责。人与人之间的信任关系,是取得理想目标的关键所在。

教 学

教学是好的领导者应该承担的个人责任,不管你是在金字塔的顶端还是仅仅只有一个直线的汇报关系。美国海军的约翰·萨特勒将军[1]认为,教学是领导力哲学中一个不可或缺的部分,他把下面这段日常自我评估的话,做成钱包大小的卡片,分发给队伍中

---

[1] 约翰·萨特勒(John Sattler)中将,曾任美国国防部参谋长联席会议战略方案和政策部主任、美国海军陆战队第一远征军指挥官。——译者注

的每个水兵：

> 今天，我教了谁，教了什么？
> 今天，我学到了什么，从谁那里学到的？
> 我让谁微笑了？

好的领导者一定会是好的老师，时时寻找机会来分享他们自己以及整个组织集体的经验和智慧。作为一名领导者，你可以直接教育部属——在员工会议、新员工培训，或是一对一的场合。你的角色不仅是传授知识，还要为人们创造学习的氛围。

教学并不限于正式背景。每天你都有机会用好的方式来培植好的想法，给部属带来新的挑战，鼓励他们在处理事务时的主动性，思考并实施办法来解决问题。也许他们会有走错路的时候，但是在你的细微引导下，他们所面对的每一个挑战，都是一个有回报和长时间的学习过程。

> 什么时候适合施教？理念是去播下学习的种子，而不是修正行为、证明某个观点，或是批评。
> ——凯丝 P.达特威克[①]

学习的机会不仅要考虑员工"需要"学习什么，而且还要考虑

[①] 凯丝·达特威克（Kass P. Dotterweich），美国心理畅销书作家，著有《友谊治疗》《善待你的家庭治疗》《善待你的婚姻治疗》等。——译者注

他们"想要"学习什么。起初,一个富有创造力的集体似乎和一个流水线的工人看似没有关联,但是,任何对工人个人能力发展、生产积极性和激扬的士气有所裨益的东西,都服务于一个重要目的。

每个高效能的组织都有正规的培训计划,包含系列主题,从学习公司的内部程序和步骤,到加强沟通技巧,到创造性。在正规的教室场景里,或是在轻松的管理人员午餐总结会上,或是读书俱乐部,从内部演讲的形式到利用外部的专家学者,这些正在使用的学习环节都是每个企业的企业文化中不可或缺的部分。

正式的学习计划,无论组织内部还是外部,无论是由内部人员主导还是雇用顾问,都应该对所有层次的所有员工开放。作为领导者,你必须要清楚这些培训计划能给员工带来什么,鼓励每个人参与,发掘可以扩展事业、辅助工作的新的培训计划。

静 思

运作良好的静思能够创造出一个更为有效的学习环境。它能为正规的教学、训练、指导和咨询的多合一提供机会。另外,它提供了一个互动、相互影响的场合,参与者在一个不被工作打扰的环境里,气氛轻松,有助于加强沟通、创造性和协同工作。由于这种静思会经常受制于某些关键人物,所以,公司是否有更多的包容性,取决于他们举办此类活动的方式方法。不管静思会采取什么样的方式,下面这些注意事项值得考虑:

- ☐ 静思会应该作为年度的大事,以便让所有人都能事先很好地了解和安排。
- ☐ 静思会的长度各不相同,取决于你决定下来的日程和旅行路线的长短,但是通常两天完整的不被打扰的时间就足够了。
- ☐ 地点要远离平时的工作区域。
- ☐ 举行的地点要能提供一种放松的氛围,不能有太多的让参加者分心的东西。
- ☐ 会前要有清晰的、明确的目标,并通知参会人员,活动前应该重申,活动结束时再加一个完美的总结。
- ☐ 静思会前,给所有的参加者一个简短的调查问卷,比如一年中的得失、下一年同僚想要提出的倡议、建议讨论的主题、演讲嘉宾、活动总安排以及社交活动的安排等。
- ☐ 所有的致力于提高团队参与度的休闲活动都应该被安排在傍晚。
- ☐ 考虑外请一位特殊嘉宾作为开场演讲人，他能为团队提供一些灵感，让成员明白：为什么要聚集在这儿、要把握改变未来的机遇。
- ☐ 开场白应该包括：
  - ☐ 对组织哲学体系、目标、优先选项和关注方向做一个综述。
  - ☐ 对过去一年（或截止当下静思会）的总结，强调这一段时期的得与失。
  - ☐ 对将要进行的事情和任务做一个简述，并说明这些对组织重要的原因。
- ☐ 整个静思会，你都要感谢参加者杰出的工作，鼓励他们在新的一年里在自己的工作岗位和领导里寻求更卓越的表现。
- ☐ 对会期有个指导手册，方便参会者了解接下去要做什么，以及什么时候做。
- ☐ 鼓励公正公平。
- ☐ 分享实践经验。
- ☐ 问一些问题来促进讨论，诸如：
  - ☐ 我们曾有过什么样的成功，这些成功的秘诀是什么？
  - ☐ 对组织，有什么是你觉得真正困扰的？
  - ☐ 我们正在错过什么机遇？
  - ☐ 我们犯过或正在犯的错误是什么？

- ☐ 我们如何在接下来的年头里更好地提升生产力?
- ☐ 组织如何才能更好地利用时间和发挥所长?
- ☐ 不断地让与会者分享对静思会本身的想法。他们学到了什么?下一次如何办得更好?

领导者的规则与工具

教 练

教练需要不同的时间投入，关注点也不同。教练随着你作为一名领导者的身份而来，特别是当你对其他人有直接的管理责任的时候。你必须调整自己的日程表和教练努力方式，来争取在工作领域中对团队每一个成员的教练效果的最大化。杰出的教练通常能够引领那些高素质人才，去学习能使自己发挥出最大潜力的技能技巧。

佩里的大部分教练经历，都是在他服务过的七个飞行中队的战斗机飞行员中完成的。目标是带领年轻的、学习心切的飞行员，学会如何成长为一名成熟的飞行领袖。这其实是个很大的挑战，因为年轻的战斗机飞行员向往自由的精神，更喜欢把时间花在高速的空战、超音速飞行或是展现倒着飞的飞行技巧上。带领四架战斗机组成的队伍进行战斗是巨大的责任。领导者必须确保飞行中的每个人都能完全理解战术、编队、武器参数和紧急措施，万一被击中的营救步骤。领导者还必须要确保每一个飞行员在任务中能够一经通知就能负责领导起整个队伍。这些都需要默默的、深度的辅导才能完成。

如同佩里一样，杰夫的教练经历主要集中于他所在组织分配给的发展技术和战术技能。虽然军队在士兵和军官的正规职业发展上投入了巨量的资金，但是还是有很多东西需要在工作实践中学习。工作中的有效的教练和训练，在建设一个有效组织机构方面作用显著。现有薪酬级别上的士兵和下一级别的士兵，在学习提高工作效率上始终做得一样出色——所以，对那些关切的领导来说,持续增加对他们投资的要求高企不下。这些规则,同样适用于大部分的组织。

维拉·斯图尔特是"正是维拉"董事会主席和CEO,这是美国佐治亚州奥古斯塔的一家邮政订单和提供当地的餐饮服务的公司,在经过28年的事业发展之后,她获得了国家认可。不久前,她入选奥古斯塔商业名人堂。在她诸多杰出的领导素质之中,她成功的标志是她作为一名教练的技巧,孜孜不倦地追求建设性,聚焦团队成员的个性和技能的发展。

在他们的军旅生涯中,佩里和杰夫都参与了日常的教学和教练。在某些场合,他们是老师和教练;在另一些场合,他们是学生和团队成员。教育和学习将无限延续。

指 导

> 尽可能多地帮助你身边的人。你给予别人的每一丁点帮助,都会十倍地返还给你。
>
> ——E.B.加拉赫

导师通常是自愿为他人的职业成长提供帮助的,特别是那些初级的和缺乏经验的人。与教练和教学不同的是,这种关系是由双方共同创造的,成长脚步快慢通常取决于学员。这些关系以周期性的接触为基础,而不是每天的频繁联系。导师通常是伴随一生的人生顾问,这意味着这种关系的延伸超越了工作和任务本身的范畴。

关心下属应该从他们入职的第一天就开始。在新员工入职的程序中，必须要有的部分就是帮助新员工快速顺利地融入新的工作环境。

正如在面试后，被面试的人需要写一封表示感谢的信或邮件，这是很重要的一个步骤。一封入职欢迎信也是很重要和有用的，它会奠定你和新员工之间将来合作的基调。很多机构会在确定新员工的加入后，发一封正式的Offer，但这和你写的欢迎信不是一回事儿。

除了表达亲善之外，这封信需要大概描述一下你的管理哲学以及你对尊严和诚信的高标准承诺。同样，这封信还有一个很重要的目的，就是把援助者的名字、电话、地址和电邮都告诉他，以防在你不方便的时候，有其他人可以帮到他。援助者通常是由新员工要入职的部门中的老员工来担任。

大部分机构通常把新员工培训计划全权委托给人力资源部门，因为培训中会涉及法律和其他技术性细节，从员工补偿方案和津贴到公司员工守则。但是，作为一名领导者，你必须亲自欢迎新员工并参与到整个培训计划中去。这个过程的正式程序受制于多种因素，但是，你必须明确指出你的期望，你对整个组织蓝图的设想，以及新员工在其中的角色定位。虽然这些应该在面试的时候就已经讨论过了，但是新员工在入职后再次接收这些信息，对他们自己仍将十分有益。

如果新员工受到了热情友好的欢迎，书面的和面对面的，他们全身心投入工作的机会就会大大提高，工作态度也会很好。

身为一名领导者，你必须确保下属的工作有合适的回报，他们可以在你深思熟虑和通盘的权衡之后，被提拔到更高级的职位。

你必须要识别出最好的下属,指导他们的职业发展,鼓励他们发挥最大潜能,帮助他们在组织内部得到晋升。

从另一方面来说,要时刻警醒自己:不要掉入任人唯亲的怪圈。让人意识到你对自己亲近朋友的关照超过他人会导致士气问题。任人唯亲会极大地伤害你最想帮助的那些人。如果你把一个能力不及的人推到更高级的职位上,或是硬行将你的朋友推荐给下级主管,你给这些人带来的都是伤害。如果下级主管从内心里抗拒你的朋友,显而易见,你朋友的职业生涯将在很长一段时间里遭受挫折。

怎样处理溜须拍马之辈同样和任人唯亲相关。在所有的大型机构里,总会有那么一些人,非常善于通过传播对老板有利的好消息来取悦老板。他们通常会竭尽所能地寻找能让老板高兴的方式,争取和老板面对面单独相处的机会,为自己的目的服务。不幸的是,在任人唯亲和溜须拍马之间有着非常直接的关联。领导者必须对这个重要问题十分谨慎。一个重要的好的原则就是:给予他们忠告,并派他们去远离集团核心的工作岗位。

有时候,在非常有能力的人身上,也会涌现出不那么让人愉快的品性。其中最恶劣的品性就是妄自尊大。一个人的能力不管如何卓越,如果他变得妄自尊大,那么他将不会在成为一个优秀领导者的路上获得成功。

此外,一些在职业生涯早期展现出潜力的人通常会辜负大家的期望。正在帮助这些人的领导者需要定期审视他们,确定他们没有受到超出他们能力范围的要求。

在帮助那些更有能力的下属时,一个有效的方针就是"推一步原则":把这些人狠狠地往前推一步,然后就让他们自己去发挥。

真正有杰出才能和潜力的下属会借势继续前进,不用你再额外地去帮助他们。对于那些已经到达他们能力极限的人来说,再帮助他们向前进似乎是一个失误。位于加利福尼亚北部的格林斯堡创意领导力中心曾经做过一个综合分析:为什么有才能的年轻主管在向上晋升的路上会"脱轨"?分析报告称:"过度指导"对这些高成就者往往适得其反。

作为领导者,你一定要对那些"大器晚成者"给予特殊的关注。在每个组织内部,都有一些富有能力的人,但是比他们的同龄人成熟得晚一些。由于他们的天赋没有在职业生涯的早期就被证明或是被认识,人事主管通常会错误地判断他们的职业潜力,所以,对于大器晚成的人需要特别关注。

许多领导者经常犯一个错误,就是把他们的指导对象限制在已经处于主管级别的下属身上。指导应该包括去识别那些职位低微但有能力的员工,给予他们赞美和提升。你要确保组织没有忽视或是蔑视底层员工——最没有权力的那部分人。你应该建立一个正式的指导计划,以免那些没有导师的人最终走偏了路。种族和性别相对弱势的少数族裔,特别需要来自他们导师的关心和支持。

在积极指导下属方面,乔治·马歇尔[1]为我们树立了一个最好的榜样。在他35年的军旅生涯中,他识别了无数有极高天赋和

---

① 乔治·马歇尔(George Catlett Marshall,1880—1959),美国军事家、政治家、外交家、陆军五星上将。1901年毕业于弗吉尼亚军事学院,参加过第一次世界大战。1924年夏到1927年春末,在美军驻天津第15步兵团任主任参谋,学习了汉语。1939年任美国陆军参谋长。在第二次世界大战中,他帮助罗斯福总统出谋划策,坚持先攻纳粹德国再攻日本,为美国在二战的胜利作出不可磨灭的贡献。1945年退役。后出任美国国务卿和国防部长,以出台马歇尔计划闻名,1953年获诺贝尔和平奖。被《大西洋月刊》评为影响美国的100位人物中的第63名。——译者注

潜力的人。马歇尔认真地编制了一个名单,把陆军和陆军航空兵部队中那些出色的人记录在册。1939年,罗斯福总统任命他为陆军参谋长,在迫在眉睫的战前准备时期,马歇尔把名单中的人放到了关键部门和指挥岗位上。当战争爆发时,他再一次在名单里挑选合适的人选作为战时最高领导者。美国军队在第二次世界大战中表现非常出色,很大程度上要归功于马歇尔将军对那些有着巨大领导潜质的人员的悉心指导。

近期一点的杰出导师的例子包括通用电气的杰克·韦尔奇和麻省理工学院的罗伯特·兰格博士。在20年的通用电气CEO生涯中,韦尔奇辨别和培养了无数的人才,这些人后来都掌管着美国最大和最成功的集团公司。兰格博士则提供了一个不可思议的杰出的导师制案例。兰格在麻省理工学院牵头成立了兰格研究所,他不仅有极高的成就,而且在领导力和视野方面也有非凡的成绩。他不仅名下有800多项专利,而且还指导了很多学生和下属,他们现在都成了高科技领域的领军人物。

最后,成功的指导和下属的晋升有着十分密切的联系。大型机构的领导者应该给下层主管和人事经理提供指导,让他们考虑员工晋升的标准。晋升系统不仅看上去是公平的,而且也要事实上确保公平。谨慎选拔晋升的考核官,然后给每个人分发一份书面的准则。而且,在召集之前,应该和晋升选拔委员会负责人进行私人会晤。在委员会完成它的工作之后,负责人需要给领导者一个报告,特别要澄清哪些准则是委员会在工作的时候没有充分执行的。

辅 导

> 鼓励员工对你直言不讳。询问他们的建议并认真聆听。身居高位的人对思想并没有垄断的权利。
>
> ——大卫·奥格威

很多大中型组织机构都有正式的一年一度的表现评估系统。虽然"表现辅导"可能解决的问题类似于"回顾"或"评价",但是它的目的更为广泛,对员工和组织本身来说也更有价值,因为它并没有带着"评价"或"回顾"的烙印。

大约六个月(或是视实际情况而确定)一次,你需要和那些直接向你汇报的员工进行一对一的会议。这些会议给你提供了一个机会,来分享你对整个公司情况的概述,以及下属(及其团队)如何服务公司的需要和完成公司交给他们的任务。这也是你现场办公解决问题的场合,下属及其所在部门的表现,有积极的一面也有消极的一面。更重要的是,这些会议的目的是以一种心平气和聚焦的方式来表达观点和交换想法。

因为你是领导者,这是你加以表扬和鼓励、同时辅以建议的时候。对下属而言,这些场合是在个人和组织的重要事务上,得到一个上司能够全神贯注与你沟通交流的机会。

虽然很多领导者会谈论他们是怎么来辅导下属的,但是事实上,有效的辅导罕见发生。大厅里的短会,在全体员工大会上一两句总结或蜻蜓点水式的点评,并不能构成良好的辅导。但是,有时候如果员工犯了严重的错误或是某个棘手情况出现了,需要及时加以纠正,那么要避免在公共场合的训诫,而是要尽可能马上进行私下沟通。

当双方都处在一个互相信任和合作的氛围里,都准备专注于重要事务的讨论时,长期有效的辅导才会发生。一个真正有效的辅导需要平衡讨论的要点和非要点、想法和愿望。你必须把个人事务和个人日程安排放在一边,专注于那些会影响你的员工、组织和你自己的核心事务,只有在一个放松友好的气氛中,一个真正有效的辅导才能够得以进行。

以下几点可以铭记在心,将在整个过程中帮助每个人实现最大效益,其中包括:

- 尽可能有规律地安排辅导会议,每六个月一次是比较理想的。
- 尽可能地提前安排好辅导会议的时间,方便你和部属有时间准备。
- 一个单元至少安排一个小时的时间。如果时间太短,你不想重要事情在会议中只是做了个回顾就结束了吧。
- 根据这个章节谈及的系列问题做一个议程安排。但也要随机应变,根据各个人的需要来调整讨论安排。
- 开始和结束,态度都要积极。即使谈话对象有争论或是表现不佳,你都需要给予每个人进步的希望。毕竟,这才是辅导真正的重点。

下述的问题列表可以作为一次讨论的指导方针。这项注解包含一些问题,可以帮助你主导一次面谈。实际上,你可以根据需要来进行调整,并在一对一的会谈前分享给下属。这样做的目的是,你将确保你们双方都是有备而来,聚焦于员工的自身表现和组织的健康发展。部属能够更好地理解你对本次会见的期望,事先准备会减轻员工的紧张感。

组织的哪个方面你最喜欢?

以积极的态度来开始会议是有用的。员工在刚开始独自面对老板的时候都会有一点不适应,这样的一个问题能够消除这种紧张感。

什么令你最为担心?

这个问题能让下属说出他内心深处的真正忧虑之处。这份工作,工作时间,权力等级,生活条件,薪资和被认可程度,等等,他都有可能不喜欢。这是让下属说出真正困扰他的问题的好机会。你如何提高组织运作水平?作为一名领导者,你负责的不仅是收集想法,而且还要找出"有这些想法的人"在哪里。每个组织都有一些特别有用和有创造性的人。这些问题能够帮助你识别哪些人在真正致力于组织进步,哪些人有才能让事情做成。

你为自己设定的人生目标是什么?

你想要激励下属表达他们的愿望。一些人喜欢呆在原地(至少当下或近阶段),另一些人想去其他部门或地方,还有一些人想往上发展。你要考虑在整个组织的架构中,下属各自的短期和长期目标,并把这种信息用到整体的人事策略中去。

同样重要的是,你要帮助那些没有特定目标的下属进行自我发展。

下一步你想去哪里，做什么工作？为什么？什么时候？

这个系列问题是给你一个机会，来让下属评估自己是否具备承担更大责任的潜力。你来判断他们的期望是否现实。如果他们的期望超出了自身能力，如果你了解到他们的职业背景的不足或处于中等偏下水平，那么你要给予他们坦率的评价。对你来说，在面对表现不佳的下属时，坦率和实在一样重要，这样他们在将来因为表现不佳而未能得到晋升时会心服口服。对别人的前景和未来做出评估，需要综合他们如何提高的建议。

你认为你身上最大的弱点是什么？

如果个人对自身存在的弱点并不清晰的话，你处理起来可能有点麻烦。通常情况下，人们会对自己的个性缺点有很好的概括，也许会遗漏一两个你认为重要的点。这样你就有机会讨论能力范围的事情了，从个人的书写和口头表达，从演讲的技巧到处理与下属及同僚的关系时的合适程度。虽然这些都是很小的事情，但是这样的一条提问思路能够帮助你打开绝佳的辅导机会的大门。

你现在已经在参加的自我提升计划是什么？

对雇员来说，有很多提升自己的机会，从公司赞助的研讨会和学习会议，到高级学位课程，到各式各样的自我提升学习班。很多这样的课程都是由组织机构全部补贴或部分补贴的。你必须刨根问底，为什么一个人清楚地认识到自己最大的弱点但是却迟迟没有采取行动加以克服？

在你被要求去完成的事情中,哪三件事情,你认为是最浪费时间的?

对你负责的这个部门,你设立它的目标是什么?

下属个人的目标是否与整个组织的目标相吻合?可能他们所设定的目标比你自己的更为深思熟虑和富有创新性。

部门在最近六个月的表现如何?这段时期中的高峰期和低潮期是什么?

这是一个有效的方式,来确定当牵涉到自己负责的领域时,下层的领导者是否能够保持客观性。你可以看到他们是否愿意为挫折失败负责,同样也能看到他们把任何引人注目的成功归功于谁或是什么。

是否有我的决定、政策或领导方式,无法为你和部门的表现提供支持的情况?

鼓励批评是勇敢的举动。让部属在一个信任和理解的氛围中开诚布公地发表他们的意见,会带来很多积极正面的收获。如果下属准备好回应提问,那么他一定会事先准备充分的依据来论证自己的观点。就这种棘手情况下的任何问题而言,你最好不要去为自己辩护,拿出最好的耐心来静静地听取他们的意见就好。

在组织里,谁是最有创新精神、最能帮助别人、最有合作精神的人?

问部属这个问题,将会帮你助识别出那些虽然不是直接汇报于你,但是却最能帮到组织的员工。比如,有些人平时非常安静,但最后被证明能够担当重任,这并非罕见。

这个问题还会有一个更敏感的答案:哪些人——你觉得是没有努力做好自己的分内事,没有合作精神,总是惹麻烦,或是没有发挥出他们的潜能?

对于组织进步,你有什么想法?

这个问题为后面讨论组织整个的发展大方向提供了一个开场白,并且能够听到下属关于是什么阻止了组织任务完成的意见?这个问题引出了一场关于政策、程序、系统、战术和下级组织以及公司层面的得与失的思考。

在生活中,你受到的什么认可是你最看重的?

当你要致敬或是褒奖某个员工的时候,这个问题的答案非常有用。有的会说轻轻拍一下背的鼓励,有的会说在公开场合被授予一个奖或礼物,有的会说一张漂亮的奖金支票,有的会说一个出乎意料的晋升,有的会说一封私人的手写的短笺。发掘每个为你工作的员工到底想要什么样的褒奖,这是一种很好的方式。

有什么事是组织可以为你、你的家庭、你感兴趣的社区活动做贡献的?

关于个人品性的问题总是需要十足的敏锐来处理,同样,展示出组织时刻准备在很多其他领域支持自己的员工也是十分重要的,包括从身心健康计划到慈善或是文化方面的努力。

七·建立你自己的领导模式
给你和下属的参考框架

> 生活是挑战,面对它。
> 生活是责任,完成它。
> 生活是承诺,履行它。
> 生活是冒险,挑战它。
>
> ——特蕾莎修女[①]
>
> 如果你想让生活成为一个精彩的故事,那么你就应该意识到你是这个故事的创造者,你每天都有机会来书写全新的一页。
>
> ——马克·霍利汉

[①] 特蕾莎修女(Blessed Teresa of Calcutta,1910年8月27日—1997年9月5日),又称作德兰修女、特里莎修女、泰瑞莎修女,是世界著名的天主教慈善工作者,主要替印度加尔各答的穷人服务。因其一生致力于消除贫困,于1979年获得诺贝尔和平奖。2003年10月,她被教皇约翰·保罗二世列入了天主教宣福名单 Beatification,特蕾莎修女的名称也因此变为被祝福的特雷莎修女(Blessed Teresa)。——译者注

美国空军创建了一个培养领导力发展的模型框架,这个被认为普遍适用的框架包含了三个部分:正规的教育和培训、在职经验和自我发展。这一章侧重于怎样运用你在这三个部分中学到的东西,并把它与符合你的个性和目标的领导力模式相结合。

在经典著作《人性的弱点》中,戴尔·卡耐基清楚地阐述道,如果想要成为一名更好的领导者,你必须"拥有学习的内在驱动力以及下定最大决心以提高你与人相处的能力"。肯·布兰查德和马克·米勒在他们的《卓越领导力养成:成为一生的领导人》一书中,也响应了这种观点"个人的成长是通往提升影响力和领导力效能的必由之路。"

虽然有些人幸运地享有遗传的或是天生的优势,但是伟大的领导者的成长之路一定是一个不断学习的过程,在处理组织内部事务时学以致用、活学活用。

学习是一个积极的过程。我们大部分学到的东西来自于日复一日的经验,不用寻找我们怎样做和为什么这样做的理由,我们就会采取行动和做出决定。如果你想要成为一个更好的、更有效率的领导者,那么考虑如何形成一个更为有序、更为深思熟虑的学习途径就很值得。一个最为有效的学习方法包括以下五个步骤:

1. 创建自己的领导模式。
2. 根据模式采取行动。
3. 预计行动的结果。
4. 根据预估来修正模式。
5. 相应的,修正你自己的行为。

领导者的规则与工具

在很多流行的理论中,有一大堆关于领导力模式的建议。我们推崇的一种则是来自于肯·布兰查德①和马克·米勒的《秘密:伟大领导者的所知所为》(*The Secret: What Great Leaders Know and Do*)一书。在这本书里,作者提出了一个SERVE模式(取每句话的首字母组成):

远观未来(See the future.)
鼓励和开发别人(Engage and develop others.)
不断地重新塑造自己(Reinvent continuously.)
重视结果和人际关系(Value results and relationships.)
接受价值观(Embrace the values.)

但是,形成一个符合个性和组织需要的模式是很重要的。许多年前,当杰夫被问到他是如何描述自己的领导力哲学特征时,他不知道该如何回答。他从来没有对此做过深层次的思考。但是这个问题促使他不久去发展形成自己的模式。当他在军队里不断晋升的时候,他收集了足够的反馈,重新评估自己的位置,随着时间的推移,他作为一名领导者的效率也得到了提升。

杰夫的领导力模式历年来呈现出不同的形式。有时它是最重

---

① 肯·布兰查德(Ken Blanchard),享誉全球的管理大师,作家、演说家和商业咨询顾问,情景领导理论的创始人之一,当今商界具具洞察力和思想力的人之一。1979年创立肯·布兰查德公司(KEN BLANCHARD)。他曾写作了多部经久不衰的畅销书,包括《共好》《顾客也疯狂》《鲸鱼哲学》《别把你的顾客丢了》《领导力药片》《击掌为盟》和《全速前进》等。他与斯宾塞·约翰逊合著的《一分钟经理人》在全美畅销了20多年,销量超过1500万册,并先后被翻译成27种语言出版,影响了整整两代经理人阶层,《一分钟经理人》也因此成为美国20余年来最畅销的管理著作之一。如今,他在书当中所讲述的内容已经成为全美所有高效经理人的"常识"。——译者注

要的十项任务列表。其他时候,它包括了个人任务陈述或指挥哲学的表达。每一次对他自己领导模式的细微改良和内容增加,都是以他数年的个人经验为基础,加入了他从自己的教练、导师、领导力发展计划和他大量阅读的领导力书籍中学到的东西。他目前的领导模式有以下九个要素:

1. 做有个性的领导者。
2. 创建高效的领导力环境。
3. 选择视角。
4. 形成计划。
5. 建立并坚决执行优先原则。
6. 从顾问那里寻求帮助。
7. 做永远的乐观主义者。
8. 保持幽默感。
9. 拥抱那些需要帮助的人。

佩里的模式更多地是以他战斗机飞行员的经历为基础。因为战斗机飞行通常是一个2或4架飞机组成的编队来进行的,每一个飞行中队都有很多的领导者。年轻的飞行员需要担负起这样的责任:任务计划、指挥僚机乃至安全有效地完成任务。甚至在战斗环境中,飞行的领导者也是那些不到30岁的年轻的空军机长。整个战斗机飞行员文化就是基于在紧要时刻或是作战态势中,最年轻和最缺乏经验的僚机瞬间就必须承担起整个战斗的领导和指挥任务。因此,每个战斗机飞行员从第一天进入飞行中队起就是作为领导者在培养。在他军旅生涯的早期,严格的培训,紧密的师生关系,相互的尊重,年轻人即使在压力最大的环境中也能有极好的表现,等等。佩里从中学到了很多。他的领导模式逐渐发展,其中一个具有授权和信任特质,由以下八个要素支撑:

1. 雇用最好的人。
2. 指导他们,让他们理解并全力执行任务。
3. 严格地训练。
4. 通过给予他们足够的责任和授权来证明信任。
5. 把组织的成功归功于他们。
6. 为挫折承担个人责任。
7. 享受这一切,莫使金樽空对月。
8. 时常感谢人们所做出的工作。

你可以去形成属于自己的领导模式。列一张表,写出你和组织想要达成的经过清楚定义和可以量化的目标。你可以使用这本书里讲到的模式或是其他你喜欢的领导力计划所采用的模式。学习你尊敬的某个领导者的领导哲学。不要太过忧虑想去尽量完美你的模式——放手去做。获取灵感,记录在册,学以致用。和你信任的同事、教练、顾问、导师或朋友分享。通过对自身行为的反省,用日记记录进步,自己做周期性的回顾,你将会更加了解自己的长处和短处,以及如何在不同的环境下与人相处。利用这些思考和其他的对自己行为的评估,来决定是否需要以及怎样调整自己的模式。这个过程将帮助你成长为更加优秀的领导者。把经验教训与他人分享,也会帮助他人成长为更加优秀的领导者。

八·雇 佣
用合适的方式把合适的人放在合适的岗位上

> 成功的秘诀:第一,博得创意天才的名声;第二,让自己周围都是比你优秀的伙伴;第三,让他们也这么做。
>
> ——大卫·奥格威
>
> 首先让对的人上车(让错的人下车),然后告诉他们目的地是什么地方。
>
> ——吉姆·柯林斯[①]

---

① 吉姆·柯林斯(Jim Collins),1955年出生,著名管理专家及畅销书作家,影响中国管理十五人之一。毕业于斯坦福大学。早年在斯坦福大学商学院从事教学与研究工作,并获得杰出教学奖。曾在默克公司、星巴克、时代明镜集团、麦肯锡公司等世界知名公司任高级经理和CEO。1996年,他回到家乡科罗拉多州的博尔德市,创办了自己的管理实验室,与各种企业和社会机构的领导人一起开展对商业生活的研究。著有《从优秀到卓越》;他与吉里·波勒斯合著的《基业长青》被公认为经典商业著作。——译者注

作为一名领导者，你最重要任务之一是招募下属，从那些最为优秀的候选人中挑选出能够为你和组织效劳的人。

搜　寻

在大部分的大型组织里，搜寻候选人的工作通常直接由人力资源负责，从内部选拔或从外部招聘。但是，你必须要让人力资源部门的同事清楚地明白这个职位的具体要求。你把需求和期望与他们交流得越充分，整个招聘过程就会越有效率。

在特定的情况中，特别是一些高级或核心职位，你需要建立一个由与这个职位相关的或是会受这个职位影响的公司各部门的人员组成的搜寻委员会。这个委员会的人员有你没有的专业知识和洞察力，可能会提出最重要的相关问题或进行最具启示性的提问。和人力资源部门一起，你可以利用这个委员会来筛选人选，把名单上的候选人数目缩减到一个可以控制的数目，但是，最终做决定的还是你。

你也可以个人来参加搜寻过程，利用人际关系网络。你在其他组织的朋友或许有一些合适的人选，或是对你正在考虑的人选提出一些有价值的建议。社交媒体，比如领英、脸书和推特等，都是筛选人选的有力工具。候选人在社交媒体上通常比在简历上看到的更为坦率。在这些论坛里，你可以对他们的活动、兴趣和愿望有更为准确的观察和判断。但是，鉴于这些网站的公共性，在利用社交媒体来从事这些预期的招聘的时候，你要非常小心。经常询问组织中专业招聘人员的意见，避免在处理这类申请时的法律问题或尴尬。

虽然招聘的基本学历和经验要求已经在公布的招聘明细中列明了，但是还是会有一些无形的东西会让你和最适合的人选失之交臂。通常，只有面对面的面试才能让你对候选人有较为全面的认识。

面　试

在你招聘直线下属的时候，毫无疑问，你要参加招聘的最后一个环节——面试。从 HR 同僚或是搜寻委员会，你可能会得到一些有价值的信息，但是，你必须充分准备这个对最终决定有着关键作用的面试。

在面试的时候，邀请一些同事来参加是很常见的。你也许需要一两个你最信任的部属一起参与。对面试来说，这些人的参与是很重要的，因为他们可能对这个程序很有经验，能提供不同的视角。实际上，在候选人直接面对你之前，下属做了最后一步的筛选。

无论如何，你都要精心准备面试，在候选人走进办公室之前，你需要充分确定他们已经被仔细审查。你要确信每个候选人都是完全满足这个岗位基本要求的。同样重要的是，候选人是否具有那种我们很难定义的所谓的"化学作用"，这是帮助一个人最终能否融入组织的东西。但是对"化学作用"有一点提醒，就是要严格恪守规定。哪怕你是在根据对的人与人之间的"化学作用"关系来搜寻候选人，你可能都意识不到的偏见和成见依然会有左右你决定的危险。注意不要轻易用"坏的化学作用"作为借口，拒绝一个来自不同文化背景、社交圈、教育背景的非常合适的候选人。这是个容易导致失误的点，面试队伍中的专业招聘人员和下属会提供适当的帮助。

虽然每次面试的人和环境不尽相同，但是面试应该是个系统性的过程。在这个章节后面附有面试问题清单，但是其中最重要的问题我们在下面展开讨论：

你为什么需要这份工作？

这个应该是你针对可能成为雇员的候选人问出的第一个问题。如果哪位候选人对这份工作不是真地很感兴趣，对这份工作有所保留，他的动机对你没有帮助，或是你对他的动机完全不感兴趣，你可以很快地结束这次面谈，并把这个人从候选人名单上剔除。如果你对他的回答感到满意并留有深刻印象，那么会谈可以继续进行下去。

我为什么要雇用你？

这个问题会引出候选人对自己具备的优点以及他们能为组织贡献些什么的回应。你或许还希望由着这个问题可以让候选人谈论一下自己的缺点。实际上，很少有参加面试的人会主动谈论自己的缺点，除非他们被要求这样做。但是这些问题在确定一个人是否具备自省能力时是非常有用的。如果某个候选人列举了一大堆优点而没有缺点（或称之为"需要引起注意的地方"）的话，那么你应该意识到这个人对你没有任何帮助。只有那些能够列举出自己的优点，同时也知道自己的缺点并且努力去改正的人才值得你认真考虑。候选人如果极度傲慢自大或缺乏最基本的自信，这样的人对组织不会有什么帮助。

你现在的下属会怎么描述候选人的领导方式？

这个问题的答案能够揭示出他对下属的态度以及对自己领导方式的认识。加上你从其他渠道所得到的讯息，可以让你了解这个候选人对他现在的人际关系状况的了解程度。

你遵循怎样的价值观？为什么？

被面试者针对这个问题的答案会给你一个直觉——他或她对这个问题的思考有多深。涉及到高度的诚信、性格、对他人的关切程度、无私精神和忘我的服务等等，这些将会告诉你一件事；谈论到工作的完成或晋升的机会的答案，则会告诉你另一件事。这些问题有助于让你理解什么驱动着这位被面试者。

你曾经遭遇到的最棘手的问题是什么？你是如何处理的？

从这个问题的答案中，你可以了解到这个候选人是否经得起考验，以及他能否从一个困难的经验中学习。你可以了解这位候选人能否应对失败，以及他能否在有压力的环境下正常工作。

在你现在的组织中，你最尊敬的人是谁？为什么？

这个问题让你了解候选人认为什么是领导力的核心要素。如果他们崇拜强势的领导，并且知道为什么，那么很可能他们也清楚哪些领导力特质他们愿意去效仿。

你对目前的组织有何不满？

在回应这个问题的过程中，候选者会反映出他们在组织内部与人互动的情况，这会加强你想雇用这个人的愿望；或者相反地，给了你一些启示，也许你以后不会喜欢这个人。（这个关键问题同样适用于提问在组织内部希望能调岗的人。）

你现在的组织有哪些诚信标准？

候选人如何看待他们当下同事反映他们个人的诚信标准。事实上，这个问题会暴露出他们是否想到或在乎诚信。这个问题可以引导出一些很有价值的讨论：制度、个人诚信以及他们在组织中所扮演的角色等。

如果让你来领导组织，你将会采取什么措施来提高整个组织的运行效率？

在面试程序中到达这一步的候选人，一定已经在家做过准备，应该对整个组织的运行和事务有了相当的了解。类似这样的问题，能够反映出他们对这场面试的重视程度。答案也可以反映出他们是否对组织的问题和不当之处有自己的看法和见解，以及是否愿意将这些意见说出来。这个问题同样会考验候选人的外交手段，你是在要求候选人对组织如何改变提出自己的建议，而这个问题还是在他们对组织的了解非常有限的情况下。你也能从中看出这位候选人在自信和自负之间处于什么位置。

个人的长期目标是什么？

长期目标不是指一个人打算在组织里呆多久，而是指他们准备如何实现个人的职业目标，不管他是不是在你这个组织里。只有你才能来判断这个人是否过于野心勃勃，不愿意"付出代价（经艰苦努力得到地位或权利）"，还是永远伺机等待下一个晋升的机会。虽然候选人之前的职业表现不能作为他将来会怎么做的预报，但是他前一份工作做了多久，在另一个组织里他是如何取得进步的，或是他离开的原因等等，这些因素都比他自己所宣称的目标要更为靠谱。

你读过的最好的书和专业期刊是什么？你从这些阅读中得到了什么启示？

知道候选人为职业成长读什么书，从中学到了什么，将会告诉你他们是否具有求知欲，是否对新的观念、建议、见解持开放包容的态度。当然，你就能相信他们能在专业上积极进取。除了阅读，其他一些继续学习的尝试，比如课程和讨论会，对个人和职业发展也是非常重要的。那些不会去好好利用这些学习机会的人是不可能进步的，他们所能贡献的也不会超出他们现在的水准。

你有没有一些事最好现在让我知道，不至于以后被我知道了彼此都很尴尬？

这个问题特别需要提出来，特别是牵涉到一些引人注目的岗位或比较敏感的岗位。申请这类岗位的人可能需要做背景调查，但是不论怎样，你需要了解这个人的坦白程度。也许不管答案怎么样，你都要雇用他，但是，所有的牌摊到桌面上非常重要。

如果你没有被选上这个职位，你会推荐谁？

这样的问题可以反映出这位候选人如何判断这份工作以及所需要的资格，以及他是否与其他有类似背景的人保持密切联系。这个问题同时也能反映出这个人愿不愿意承认还有其他人适合——或比他更适合——这份工作。

有什么问题是我没有问到而你希望我能问的?

有些候选人在他们被询问的时候,会有一些重要的信息可以加以分享。比如,他们可能有家庭问题、健康问题,或是牵涉到他如果被雇用的话,大概什么时候可以入职的事情。

雇 用 清 单

当你要雇用某人担任关键岗位的时候,精心策划的面试会让你了解候选人,而这些是简历无法告诉你的。其他方式都不重要,一个面对面的面试足够了;虽然在某些非常情况下,电话面试也是一种可以接受的替代。

下面的问题会帮助你组织一次很好的面试,始终掌握节奏,候选者的反应将会让你更多地了解他。

列表中的很多问题已经在上面详细分析过了,但是在某种程度上,它们都同样重要。问题的使用顺序取决于每一个面试者的个人情况,但是你可以用这些问题作为一个引子,帮助你从每一个潜在的候选人的相处时间中获取最多的信息:

1. 你为什么要这份工作?
2. 我为什么要雇用你?
3. 对这份工作、这个组织,你能带来什么特别的好处?
4. 你最大的缺点是什么?
5. 在以下的领域里你有过什么经验?
   - 运营
   - 计划
   - 金融/市场
   - 研发
   - 培训

- 电脑系统
- 人力资源管理

6. 你领导或管理了多少人?
7. 你如何描述领导/管理模式?
8. 如果我问一个下属关于你和你的领导模式,他们的回答会是什么?
9. 生活有过挫折么?如果有,你从中学到的最深刻的教训是什么?
10. 你曾近距离观察到的组织的挫折是什么?
11. 对你现在的组织你最大的不满是什么?
12. 在职业生涯中,你曾经遭遇到的最棘手的问题是什么?你是如何处理的?
13. 你长期的个人目标是什么?
14. 你有没有一些事最好现在让我知道,不至于以后被我知道了彼此都很尴尬?
15. 你在最近几年里,读到最好的书是什么?提供给你什么样的观点?
16. 在你现在的组织里,诚信的标准是什么?
17. 在你现在的组织里,你最崇拜谁?为什么?
18. 你考虑其他职位吗?
19. 如果我选中你,你会不会把这个职位优先于其他职位来进行考虑?
20. 如果你没有被选中,你会推荐谁?
21. 什么问题我没有问到你?
22. 你有什么问题需要问我吗?

九·激励部属

建立和延续工作的乐趣

> 那些真正会领导的人能够创造出一批实干的追随者,不是因为他们被改变了,而是因为他们被激励了。
>
> 从内心被激励的人,做事的动机是发自内心深处的。
>
> ——西蒙·西涅克①

鼓舞和激励部属——你怎么做？秘诀是什么？作为领导,你提供什么他们需要的东西去激励他们？你怎么在组织内创造出一

---

① 西蒙·西涅克(Simon O.Sinek),1973年10月9日出生,是一位作家,因发现"黄金圈法则"而闻名。他的TEDx演讲"伟大的领袖如何激励行动"是TED大会里影片最多观看数的第7名。他2009年关于这种话题的书籍《从"为什么"开始：伟大的领袖如何激励行动》(*Start With Why: How Great Leaders Inspire Everyone to Take Action*)阐述了他所说的一切都起源于人为激励的"为什么"的"黄金圈法则",从而建立企业、领导创业、激励他人等。他在《纽约时报》《华尔街日报》《华盛顿邮报》《快公司》等媒体做评论或开设专栏。——译者注

点"特殊的东西",以使这种激励成为可能？这些都是好问题。激励别人的能力绝对是区分伟大的领导者和好的领导者的罕见特质之一。

人们需要什么？

人类的天性中最强烈的渴望就是得到他人的重视。

精神病学、心理学、神经系统学领域的专家以及其他人类行为分析领域的专家,对人类的基本"需求"都做了记录。美国哲学家约翰·杜威博士因为他在教育改革方面的观点而闻名,认为"人类天性中深层的渴望就是变得重要。"维克多·弗兰克博士,奥地利神经科和精神病科专家,一场灾难的幸存者,写道："努力去寻找生活中的意义——是人类内心首要的、最强有力的激励和驱动的力量。"

卢·霍兹,学院名人堂足球教练以及世界级的励志演说家,是这样来说明人类需求的："每个人都需要有事可做,有人可以爱,有东西让你充满希望,有人让你全心信赖。"这些评论所蕴含的相同的信息就是——高效能的领导者理解并全力去满足这些需求。

大部分的人必须努力工作来挣得一份收入,以供养家庭、支付房租或按揭贷款、预存孩子将来的大学费用、照顾日渐老去的父母。多数情况下,金钱激励对人们去努力达到更高更远的目标的意愿有着显著的影响。但是,长期持久的激励不能仅仅依靠金钱的刺激。

人们需要知道你在乎他们。有一句至理名言,据说是约翰·

C.麦斯威尔①说的,"人们不在乎你知道多少,他们知道你有多在乎。"如果领导者不在乎员工,那么可以确信员工也不会在乎领导者,之后的结果可想而知,员工不会有动力努力工作。

人们需要知道他们在组织的整体任务中的位置。他们需要理解并能够为组织的蓝图、任务和价值奉献。团队的所有成员都必须理解他们个人的角色以及怎么把个人目标融入到团队的整体目标中去。

人们需要能够信任他们的同事和组织的领导力。如果没有信赖,那个团队的成员就不想去好好工作,这是再简单不过的。人们需要知道他们是否被公平、公正地对待——这是赢得信赖的两个关键要素。你是否曾经身处某个职位但是不信任伙伴和领导?感觉如何?工作氛围如何?如果任由这样的情况延续下去,可能会有一段时间,大家都在忍受这种不可接受的工作氛围,比如缺乏信任。有人认为,即使在这种状况持续的情况下,生产力仍然可以高标准发展,这种想法是危险的。

从菜鸟到熟手,员工在技能水准方面的等级差异很大。得到肯定和受到培养,这是团队中每个成员都有的渴望。部属中的很多人受自身能力(及愿望)所限,在组织领导力的表现上参差不齐。团队中这种个人的差异,你需要真正地理解,这点非常重要。你需要调整方法步骤去发掘他们的潜力并争取最好的结果。

---

① 约翰·C.麦斯威尔(John C. Maxwell),全球知名的领导学权威专家,2007年获选为"世界领导大师"(Guru of World Leadership)排行的全球排名第一,为全球领导力发展大师中的大师。撰写了超过50本书,总销量超过1 300万册,有《人生一定要沾锅》(Winning with People)、《360度的领导者》(The 360 Degree Leader),以及拥有百万销售成绩的《从内做起:发展自己的领导力》(Developing the Leader Within You)和《领导力21法则》(The 21 Irrefutable Laws of Leadership)等。——译者注

领导者的规则与工具

　　所有人都需要一些一定的指导——这是作为领导者的工作的一部分。作为教练，你需要推动落实帮助获得生产力方面的更好表现的议程。为了给团队提供最好的服务，就要去理解谁值得投入时间和精力，确定他们如何能为组织提供最好的服务，设置能让组织充分利用他们的服务的计划。一所大学里有能力的人，想要成为系主任的话，就需要知道有么一种合适的计划存在，能够帮助他们去获得他们想要的职位。同样，装配线上的工人想要成为当班主管，销售代表想要成为销售经理，也需要知道这个道理。领导力发展计划对组织来说是非常重要的，对员工转岗和获得成长机会很有帮助。对于那些要么是不能、要么是没有意愿去进步的，那么考虑到他们在组织内的未来发展，就需要做一些其他的决定。

　　今天的劳动力构成已经多元化，从婴儿潮时代出生的人，到X一代，到千禧一代，到现在的"始终在线"一代（指通过互联网、推特和脸书等来接触这个世界的一代年轻人），虽然每一个不同的群体可能会被不同的动机所激励，所有的人，都会寻求成为组织内部不可或缺的部分，都渴望被自己的领导真诚地在乎。

如何来满足部属的需求？

　　你可以照顾到团队中绝大部分人的需求的最好途径，就是找到一种能够打动他们内心的方式。理解他们的需要——超越你支付的薪水和福利范畴——是第一要务。一旦你确定了他们真正需要什么，你就能够着手来关注他们。但是粗暴的或欠考虑的处理方式，在今天的社会已经效果尔尔——也许这样的方式曾经奏效过。

第二部分　领导他人

聆　听

领导者必须学会做一个充分参与的听众,一个贴切的短语就是"用耳朵去看"。他们必须要直视且认真地看着讲话的人的眼睛。领导者必须要有好奇心——对知识的渴望。他们需要走出去与一线成员互动,当信息到达他们耳朵的时候,认真倾听。杰夫永远记得这样一个时刻,当他还是一名年轻的陆军中尉的时候,他被连长汤姆·塔基上尉发问,应该怎么处理一名行为不当的士兵。结果是,上尉听取了他的建议。通过这个事件,杰夫深受鼓舞,知道他的声音在组织里是可信的。杰夫在整个军旅生涯以及后军旅生涯中,都贯彻使用了他从这节关于倾听和信任的课中所学习到的东西。这也是他从塔基上尉身上学到的无数课程之一。

聆听是高效能领导者所掌握的最重要的技能。性格内向的人有一种很大的优势,因为他们更喜欢安静地聆听,通常不会是"喜欢打断别人的人"。太多外向的人关注自己下一句应该说什么更胜于聆听别人在说什么。这就是所谓的"假性聆听"。相对于内向的人是天生的倾听者,外向的人则在获得和维持这种必要技能的时候需要一点帮助。所有外向的人都需要去阅读和学习马克·古斯顿①的书《只需聆听:发掘和任何人打交道的秘诀》。如果领导

---

① 马克·古斯顿(Mark Goulston),1948出生,美国著名心理学家,医学博士,精神科医生,奥普拉脱口秀、今日秀以及NPR的特约嘉宾,通过为《财富》杂志、《时代》杂志、路透社和《华尔街日报》等知名媒体撰写专栏文章,向人们传授处理各种复杂人际关系的方法与技巧,引导他们通过倾听来解决工作和生活中的棘手问题。过去30多年里,马克·古斯顿还与众多知名企业展开合作,凭借其在人际关系和沟通方面的独特洞察力,他成功帮助众多组织、团队和个人发挥出色的潜力,创造了出色的业绩。——译者注

者是一个很好的倾听者,那么他就能够接受新的思想、批评、其他能帮助组织提高的反馈,以及创造出美好和关爱的氛围。一位不知名的圣人说过,"在我不断说话的时候,我什么都没有学到。"

当领导者在不断向上升迁的时候,对下面发生的日常事务变得越来越无知,因为下级主管会想在事情汇报到老板那里之前,先把所有的事情都处理完毕。于是,对高级主管来说,工作就是有必要去和下属保持沟通。一个很好的办法就是简单地四处走走,和组织内部的人做一些私人性的沟通——有时候这种方法被称为"散步领导法"(LBWA)。领导者和自己的员工在熟悉的环境里建立起私人的密切关系,这是一个很明显的领导在关注的标志。只要这是一个真诚的交谈,如有必要,就会有一些后续的行动。当领导者表明了这样真诚的愿望,想要了解更多关于下属、家庭、工作环境,以及什么对他们来说是特别重要的,对老板和下属来说,这样做的好处都是巨大的。如果一个由员工提出的问题,最终由老板通过实际行动来表示关切,这样一个强有力的信息就会传遍组织。

约　会

这是约翰·斯图尔特常用的技巧,他是普利司通轮胎公司在位于南卡罗莱纳州的艾肯的一个轮胎工厂的工厂经理。约翰很有规律性地在每天的早上和大部分的下午花上一个小时时间,在工厂里四处走走,和员工做简单的沟通交流。这不是简单的散步——这是带有目的性的散步——也是对普利司通员工表达他的关注。这个工厂获得了很多奖项,从它自 1997 年开业以来,在生产和安全方面得到了很多嘉奖,包括被命名为《工业周刊》的"美国十大最佳生产商"之一(而彼时它才开业 5 年而已)。在工厂里闲逛的时候,杰夫感觉到这个巨大的工厂里弥漫着友好的气氛。通过认真听取员工的想法,他发现了什么是他们加入这个工厂的原因以及更重要的是,为什么愿意留在这里,成为普利司通的一员。约翰·斯图尔特从工厂开业起就在这里工作,并且在这里得到了成长,2009 年被提升为工厂经理。当杰夫跟着他在工厂参观的时候,他能感受到有力而积极的领导力。杰夫问普利司通的员工,关于工厂,你最喜欢的一点是什么,他所得到的答案足以让任何一个领导者骄傲,其中一个尤其具有代表性:"我在这里得到一份好的薪水来供养家庭,领导让我确信我在一个稳定安全的地方工作,并且我知道他们在乎我——我的声音能够被听到。"

责任制

"爱之深,责之切",在执行标准或让人们作为团队的一分子来担当他们的责任时,这是经常用到的概念。团队成员想要知道他们是否被同一个标准衡量,当不能达到这个标准时,后果也是十分清晰的。公平——在奖励和惩罚方面——是确保组织有效性的核心因素。对积极行为的强调经常是用于激励的一种有效方式,同时对一些不恰当行为采取一些迅速而恰如其分的惩罚措施也是必要的——特别是当组织的安全及其他关键方面处于危险境地的时候。每个人都需要理解这一点,表现出色的确很重要——需要努力工作,致力于事业才可能成为最好的那个,这些品质也是组织走向成功的必经之路。采取及时的行为来修正错误,如此,组织的力量才会加强,对领导力的尊重才能增长。

领导者的规则与工具

共　鸣

> 婚礼是可选择的,而葬礼是无法选择的。
> ——鲁道夫·W.朱利安尼①

在双子塔在2001年9月11号被撞毁之后的几周乃至几个月的时间里,朱利亚尼市长参加了很多——很多个葬礼。这项工作显然不在美国最大城市的市长的工作范畴之内,但是确实是他的工作中的一个必要的组成部分,如同确保公共交通顺畅通行、保持犯罪率下降和平衡预算等工作一样。有同情心的领导了解同情的力量和魅力。实际上,朱利安尼的共鸣变成了其领导力遗产的一部分,而这种方式是他用任何其他方式都无法做到的。

在美国军队领导力手册的一个版本(FM 6-22,军队领导力,2006年10月)里,充分认识到了"共鸣"作为一名领导者必备属性的重要性。认识到士兵和他们的家庭在受到创伤和伤害的困难时期的需求,最终帮助他们成功应对或获得他们所需要的帮助,对领

---

① 鲁道夫·威廉·朱利安尼(Rudolph W.Giuliani),1944年出生,美国政治家,1994—2001年,连任两届纽约市市长。他是自1965年约翰·V.林赛当选以来第一位当选纽约市市长的共和党人,在任期间,纽约市的犯罪率下降、税务降低、公共教育系统得到改善、领取福利救济人数减少,改变了纽约在人们心目中"不可治理"的形象,提升了纽约人的生活品质。2001年9月11日恐怖分子劫持客机撞击纽约世贸中心后,他领导政府沉着应对和处理,引导纽约市从这场灾难中恢复,以强有力而不失仁厚的领导作风获得各界赞赏。2001年底,第二任期届满,朱利安尼卸任市长职务。其后,他创办了名为"朱利安尼合伙有限公司"的债券顾问公司,并在2002年出版了著作《领导力》。——译者注

导者来说,这点非常重要。这种技能直接是以"关爱"为目标,这本手册的结论说明了它对于军队的重要性。如何去拥抱那些需要帮助的人取决于当时的境况——但是最好的领导者总会找到合适的途径。

了解雇员在个人生活中的挑战和危机,会让他明白:你真地在乎他们。

感 恩

> 生活的幸福感是由许多瞬间片断组成的……
> 一个微笑,一个友善的注视,一句衷心的赞美。
> ——塞缪尔·泰勒·柯勒律治[①]

在大部分组织机构里,90%以上的人都在努力工作,以完成任务、服务组织和让组织变得美一些,或是为了让作为领导者的你看起来和蔼可亲。人们都希望和成功有所关联,参与到成功的过程中去。时刻提醒自己,员工正在努力工作而且表现良好,这点至关重要。

简单、真诚和特别的赞扬能够激励人们更好地协作工作。特别是当赞扬恰逢其时、恰如其分,则更是如此。反之,如果你不能认识到员工的工作是出色的,则会给组织带来毁灭性打击。太多

---

① 塞缪尔·泰勒·柯勒律治(Samuel Taylor Coleridge,1772—1834),英国诗人、文学评论家,英国浪漫主义文学奠基人之一。《古舟子之歌》(The Rime of the Ancient Mariner)为其诗歌名篇;文学评论集《文学传记》(Biographia Literaria)以博大精深见称,书中对想象(imagination)与幻想(fancy)的区别尤其著名。——译者注

的领导者持有这样一种态度,认为员工"只是完成了他们的本职工作而已",而"这也是他们得到报酬的原因"。隐形的代价就是低迷的士气和不尽如人意的工作表现。

发现人们正确地做事——于公于私地认可他。这种当机立断的认可所带来的回报和奖励将会无法估量。虽然组织也许有正式的途径庆祝员工的成就——奖品、奖项、奖章或奖金——但是日常的一些举动——一张手写的纸条,会议上的口头表扬,内部时事通讯的公告——会起到持久的作用。那些工作完成出色的、用不同寻常的方式完成日常工作的,以及工作卓有成效的个人和团体,都要即时地加以奖励。不要把快乐推迟了。

营造一种感恩的环境。把赞美沿着某个途径传递给下属。把团体的成就对着其他团体来赞扬,这样做不是把这个当成一根棍子来不断地敲打那些表现不佳的团体,让他们觉得难过,而是作为一种其他团体都可以学习和借鉴的榜样。每个人都想被公开认可。鼓励那些还没有找对方式来使自己得到公开认可的团体和个人,发掘和提供对他们来说最好的实践经验。

最后,领导者还必须知道怎么样来接受赞美。和下属分享每一个赞美是你的首要本能。毕竟,在大部分工作中,成功是你的,也是他们的——他们的理念,他们的效率,他们的努力工作,以及他们的创造力。

接受失败

接受这样一个事实,那就是哪怕最优秀的人也会犯错误,这是在团队中建立信任和信心的重要因素。在负责美国军队的时候,杰夫的指挥哲学就是"在追求完美的过程中所犯的诚实的错误是可以被谅解的。"这种表达方式表明了他勇于承担错误的意愿和决心。他深刻地知道，需要承担风险，从错误中吸取的教训是成长过程中的强有力的催化剂。当下属知道你愿意来为他们所犯的诚实的错误做担保，那么他们更有意愿主动地去做对组织进步有益的事。

乐　观

> 我不想听那些"现实主义者"无休止的抱怨，每天我都要保持乐观主义者勇于向现实挑战的激情。
> ——科林·鲍威尔

做永远的乐观主义者——这是具有感染力的。如果领导者是积极向上的，那么这种态度经常会在组织内部传递。积极的工作环境能够使坏事变得不那么坏，使好事变得更好。在工作区域走动的时候，你感受到的是什么呢？领导的积极思维能够激励他人。这种积极的气氛能够带给人们内心的平静，帮助改善关系，为生活中的健康和快乐带来机会。在这种工作方式设定中，工作伙伴应该在工作中更为负责，更为愿意和他人合作，最终受到激励去求得在工作中更好的表现。

积极的态度

你不仅是高层管理者，而且也是啦啦队长。如果你热爱工作，请确保和下属分享这个事实。如果你对那些为你工作的人充满了真挚的爱，那么请告诉他们。一名领导者，知道怎么制造欢笑，特别是善于自嘲，会大大地推动形成友好的人际关系。甚至只是一个微笑，经常会传递友好的气氛，能把一个错误转变成一个学习的机会。工作场所的恰当的幽默，能够提升组织内部的工作态度的积极性。（这里强调的是恰当的幽默——不是那些在组织内外轻视和贬低他人的幽默。）

表现出积极的态度，并不代表你会成为公司里盲目乐观的那个人。你必须明白组织所面临的挑战，但是你的工作，不仅仅是去发现和推动解决方案，还要确保在困难的处境下鼓励下属。

如果你有一些愤世嫉俗和悲观失望的下属，给他们足够的一对一发泄和评论的时间。但是，要找合适的机会来表达你的忧虑，他们的负面的态度可能会对组织的士气和团体精神造成伤害。

庆　祝

庆祝胜利——无论何时，无论何地。我们经常忙于日常的工作或是赶着限期去完成工作，以至于我们经常忘记了来找时间去感谢那些为赢得胜利作出了巨大贡献的人。我们应该留出时间来安排这样的庆祝活动。在如何感谢员工和如何认识他们的方式上要有创新。在你的日程表上安排时间，确保庆祝活动不会被忘记或是忽视。如果在预算里没有这笔经费，那么请你自掏腰包。消息会很快传播，人们深为感恩你的大方。

第二部分　领导他人

感 谢 清 单

员工值得感谢，原因各种各样。这个清单是对你在日常工作中如何感谢员工的方式的提示。

有的时候，不是我们做不到，而仅仅是我们忘记去做了。

感谢你：

- [ ] 为完成工作所作出的贡献。
- [ ] 因为诚信和诚实。
- [ ] 为你的专业，对完美的追求，对工作高标准的设定和保持。
- [ ] 为你的无私服务和奉献精神。
- [ ] 为你的领导力。
- [ ] 在达到和超越目标时的帮助。
- [ ] 积极的态度。
- [ ] 承担了艰巨的工作。
- [ ] 合作精神。
- [ ] 毫无保留地和心甘情愿地提供建设性的意见和批评。
- [ ] 勇于承担风险。
- [ ] 自我牺牲和慷慨的精神。
- [ ] 视野、创造力和对新观念的接受度。
- [ ] 常识。
- [ ] 礼貌和真诚。

- ☐ 信任和忠诚。
- ☐ 真正聆听的能力。
- ☐ 体贴和帮助他人的能力。
- ☐ 战略性思考和行动的能力。

十·解　雇

领导者的角色

> 能够接受并忍耐员工的怒火,这是作为老板工作的一部分。
>
> 对被解雇的人来说,你用一种平和、接纳和理解的方式来面对他们的愤怒是非常有帮助的。
>
> ——保罗·布罗德

雇用关系的终止,对个人和组织都是一个非同寻常的、潜在的创伤性事件。无论解雇的原因是对不称职员工的调岗,为某种不恰当行为承担后果,或强调某种标准,或惩罚某种违反道德的行为,作为领导者,你必须非常熟悉解雇程序的标准准则。你必须充分了解谁有权利批准这样的决定,你的法律责任是什么,履行这个行为的程序是什么,等等。你应该努力帮助组织内部的每一个人,让他们都能充分理解这是一个基于正确理由的正确决定——让整个程序公正公平。

作为一个通用准则,你必须自己来解雇那些直接向你汇报的

领导者的规则与工具

员工，而不是授权给人力资源的人或其他人（虽然在这种解雇程序中，按照公司政策，人力资源部门的人的介入是必须的）。解雇其他一些关键岗位的员工，你是否需要参与，看情形决定。

对于犯罪或严重的不当行为，违反道德的，或有严重的诚信污点，解雇行动要当机立断。对于不称职的工作表现，大部分组织都有一套既定的程序，经过一段时间的综合辅导，如果没有明显进步的表现，则解雇的理由就会充分了。组织往往会遇到的麻烦，没有经过一段时间的综合辅导就做出解雇的决定，这会有风险。用另一句话来说，你通知员工进入了解雇程序的日子不能是你决定要解雇他的日子，其中应该有缓冲期。

在做出解雇的最后决定之前，请法务或人力资源专家做一个复审很有必要。你希望整个程序透明、有效，符合组织标准。同样，这个程序必须经受其他相关组织的监督——比如工会，或其他公共或私立的利益团体。确定你知道这个决定所带来的所有后果，将有助于你准备应对由此而起的所有事件。

好的领导者知道怎么来推进解雇程序。如上所述，大部分组织在解雇员工之前，都有标准的复审体系。对向您直接汇报的下级和其他关键员工，和他们沟通就是你的责任，你需要解释清楚他的工作表现哪里不称职。同样，你也要给予清楚的建议让他提升自己的表现，要用一些可测量的标准。如果，在一段时间（通常是几个月）之后，表现的结果还是不能达到可以接受的标准，那么你就需要考虑把他从原有岗位上调开。如果你没有权力做这样的决定，那么你必须在采取行动之前和有这种权限的人讨论。一旦做出决定，你要和当事人个人会面，通知他这个决定。如果参与和通知的领导者之前正确地执行了综合辅导的过程，那么行动将不会令这个被解雇或调岗的人感到过于意外。

对新的主管(甚至是一些经验丰富的专业人士),这种和表现不佳的员工的对决也并不那么容易。如果你之前从未做过这种事情,那么找有经验的人辅导。找朋友或同事,排练一下实际可能发生的对话会有所帮助。毫无疑问,每个对话环节都需要和辅导不符标准的工作表现相关,这也是个学习的过程。你的评价需要坚定有力,但同时也要表现出适时的同情和关心。

如果你对这个人继续在这个岗位上失去了信心,那么你首先需要知道的是员工对自己的表现怎么看。如果他认为做得很出色而你的评价正相反,那么你需要准备概括说明他的表现是如何没有达到设定目标。在此阶段,对你来说,给当事人足够的机会来解释存在什么、他的感觉如何,这一点很重要。做耐心而积极的聆听者。对将要被解雇的人来说,这会是创伤性经历。

你有责任帮助他经历这段艰难的时期。你需要站在他的角度来表达自己真诚的同情,详尽地和他讨论将来的打算,为他找到新的工作提供帮助。你要说明你在对他的最终评估中,会公正地强调他的长处。

在有些情况下,员工在工作表现、诚信度或其他方面表现不佳,你认为在最后的评估报告中必须措辞严厉。如果员工确实是因为某些不可原谅的行为而被解雇的,那么毫无疑问,他为什么会被解雇的原因必须要让他牢记并保留在对他的最终评估报告里。

当解雇的事情发生,你要对组织里的其他人说明。人们需要知道发生了什么,为什么。直到你对关键员工进行了说明,由解雇行为引起的焦虑才会消散。最好是事情一发生,就如实说明。其他员工会观察你是如何处理员工离职的。如果你冷酷无情,对相关受影响的同事毫无怜悯,这种行为会对组织的士气产生负面影响。

在佩里给一家健康中心所做的领导力演讲中,他得出一个结论:很多组织容忍了太多不作为的员工。一名中层领导承认:"对不作为的无限度容忍是摧毁我们医院的癌症。"

从来不解雇员工的领导者——或忽视他们的天资问题,从不把员工从表现不佳的岗位调岗的——对组织是一种伤害。很多人就觉得自己很安全,安于现状而不努力拼搏。因此,正确的解雇不仅是一件对的事,也是一个警示,告诉员工,对他们的工作表现和道德标准有确定的容忍限度。领导者的责任之一,就是解雇那些在明确的辅导之后,依然无法达标的员工。

解 雇 清 单

如果你有条不紊地去做，那么解雇一名员工的艰巨任务一定程度上会容易些。确保你理解正确的流程、组织政策和法务要求。

- ☐ 在决定前寻求法务和人力资源专业人员的意见。
- ☐ 确保程序符合组织的标准政策。
- ☐ 确保当事人受到了适当的辅导和警告——给予了提高的机会。
- ☐ 在实际的解雇行为发生之前，决定谁需要了解什么。
- ☐ 决定在解雇行为之后，需要对组织里其他员工说明的事项。
- ☐ 概括解雇的理由：
  - 对员工的能力缺乏信心。
  - 缺乏合适的技能。
  - 缺乏符合最低标准的能力。
  - 糟糕的态度。
  - 长期旷工。
  - 无法与上司/同事/下属共处。
  - 不能保持技术的更新。
  - 不能与同事和客户保持良好的关系。
- ☐ 询问员工下一步的计划以及你能为他提供什么帮助。

- [ ] 询问能从这个挫折中学到什么。
- [ ] 询问是否有一些你没有考虑到的事情,关于当事人的个人处境或涉及公司的?(做一名耐心的聆听者,因为有人可能向你倾诉。)
- [ ] 如果可以(符合组织政策),提供专业的帮助——服务支援,金融或法律建议、咨询,等等。
- [ ] 解释他可能会得到怎样的评估报告,如果需要,你可以给他未来的雇主提供证明。

第三部分
领导组织

十一	接掌新职位	十六	做重要的决策
十二	使命、愿景和价值观	十七	领导危机处理和变革
十三	创建战略计划	十八	处理低潮
十四	向下授权和寻求反馈	十九	处理媒体关系
十五	全方位发展	二十	领导非盈利组织

十一·接掌新职位
交接的重要性

> 每当有人问你是否能胜任工作的时候,告诉他们,"我当然可以!"然后赶紧想办法去完成它。
>
> ——西奥多·罗斯福
>
> 良好的开始是成功的一半。
>
> ——亚里士多德

许多人在接掌新领导职位的时候,并未真正考虑过交接过程。他们没有拟定一套"接管"计划,以致于错过充分准备迎接新任务的机会。通过系统地处理交接程序,一名领导者就能够在接管新职位最初几个关键星期里更为得心应手。对于进入大机构或结构复杂的组织的人来说,交接程序尤为重要。一名即将接任领导职位的高级主管,特别是对那些从未有过领导经验的人,不仅要面对新工作的要求,而且还要应对在交接期间所显示出来的心理挑战。

新来的领导者,不能在没有很好地了解组织、没有从代表其他不同部门的高级领导那里征询意见之前，就轻率地作出一些重要决定，这样会很快摧毁一个良好组织的士气和健康。这种自大明显表现出对他人缺乏尊重，危及新的管理架构完整有效运行所需要的信任。这种任性所造成的不良后果很难改变，而且会开始不断地恶性循环。

作为一名领导者，你必须要问一些重要的问题——最好在正式接管之前，从最可靠、最没有偏见的人那里寻求答案。在理想的情况下，你会有机会和即将离任的领导者沟通，从他那里你能收获良多。同时，你要清楚地明白，从这些消息源得到的看法是有局限性的，因为所有的领导者都会被个人的偏好所影响——会试图保护那些自己任期内支持的人和推行的政策体系。目标是确定组织内部的重点、问题和正在遭受的挫折。你要对内部的主要人事安排有清楚的评估：哪些人不管是长期还是短期对你来说都是宝贵的，哪些人需要重新安排职位或劝诫辅导，哪些人从长期来看是不能对组织的健康和成功发展做出贡献的。

如果你并不情愿从前任领导那里得到下属不同优缺点的评价，那么你会发现自己在领导力这个游戏中，手里并没有足够的牌可打，你可能会犯对组织造成巨大伤害的错误。在你接管这个岗位的时候，必须了解关键员工的优缺点，越快完成越好。

如果可行，你要在正式接任新岗位之前，找人回答几个关于交接的问题——前任领导、高级助理或组织内部的关键人员。很多答案可以在公司的档案中找到——内外部报告、表现评估、其他人力资源信息和财务报告等。但是，很多答案却只能在组织外部寻找——独立报告、年度报告、分析师或其他可靠的外部资源等。需要问的最重要的问题如下：

组织的任务是什么？
组织的愿景是什么？
组织想要的产出是什么？
组织的战略计划是什么？
组织已经设定的目标是什么？
组织里面的优先级别是什么？
组织的财务状况如何？

组织的道德标准是什么？

任何一个组织的名誉如何，可以通过多种方式了解。媒体报道是非常有帮助的。过去在这里工作过的人或与组织的运行相关的人（比如顾客、客户和资助者等），你还可以从他们这里了解。甚至在你因为这个职位被面试之前，你就需要做一些功课，了解在任期内，是否会有一些意外事件发生。

多数组织都会有一套道德准则，所有员工必须了解和遵守。如果这样的东西并不存在，这是明摆着需要纠正的，而且要迅速。每个组织，无论大小，都必须编撰组织和员工行为的准则。你要认识到组织诚信的标准，对每个人都会遵循这个准则有信心，这是基本的。复审报告和监督体系能够确保他们不断强化诚信而不是破坏诚信。确定要有一个申诉专员或监察总监，任何人有道德方面的申述都可以没有顾虑地寻求帮助。没有持续的培养，再高的道德水准也会很快下滑。

当前的士气如何？

除了大方向的事情，细节很重要。完全了解整个组织运行以及岗位的运作是非常必要的。

当你在走访新的组织的不同部门的时候,你可以问一些开放性的问题:"你好吗?""工作还好吗?""你今天好吗?""有什么需要我帮忙的?"这种方法能够帮助你感受到他们在回答时的情绪,进而了解整个组织的士气。假如你感受到了一种快乐或忧郁,你自然就会了解你将要领导的这些人的士气如何了。

我应该如何和前任比较?

以客观的眼光分析前任领导者,可以为你提供非常有价值的信息。如果组织运作良好,前任深孚众望,你就应该萧规曹随,延续以前的政策,并让所有人知道:你以跟随那么有名望的人为荣;同时你也应该让他们明白,你希望能够维持同样高标准的表现和高昂的士气。如果前任深受欢迎但是组织表现却欠佳,你就面临比较大的挑战:你必须在不损伤前任名誉的情况下,要求更好的绩效。如果前任是个冷酷、严苛或不受欢迎的领导者,但是组织一直运作良好,那么任务就简单了。多接触部下,多感谢和赞扬他们的工作表现,让自己平易近人,你可以提振士气而使组织的表现更上层楼。

有没有事情如果公诸于众,会让我和前任难堪?

有没有令人恶心的问题等着跳出来咬我一口?用另一句话来说,有没有"丑闻"?如果有,在什么"壁橱"里?你务必确认组织内部的核心员工是否有严重的健康问题,比如酗酒、滥用药物和精神疾病等。研究性骚扰的汇报程序是否有效且运行良好?更重要的是,确认女性和其他少数群体信任这些程序以及接受这些问题汇报的人。让组织内部在正常汇报途径中,把由于害怕领导或组织对当事人不利而被掩盖起来的"丑闻"暴露出来,这是非常重要的;否则,组织的可靠性会受到质疑。

老板是谁?他对我和整个组织的期望是什么?

因为直接汇报对象很有可能在聘用你的过程中就已经参与进来了,所以你可能对他对你和组织的期待(事实上已经)有所了解。但在工作面试中,你可能无法感受到上司对组织的满意和不满意之处。进行此类开诚布公的对话越早越好。即使上司觉得组织运作良好,但是还有提高的空间,你要决定哪些方面可以提高,需要花费多长时间。这样的讨论,也是不可避免要进行的,将会引出组织和你的老板所考虑的对你来说有用的想法,包括他对组织重新焕发活力问题的理解。你必须和为你上司工作的其他核心同事讨论,以便获得他们对组织内部存在的长处和短处的看法。

我需要直接或间接地服务的团体是什么?

通常领导者要服务很多团体,如股东、董事会、员工、客户、分包商、退休领导和同事、利益团体、校友等。你要确定这些团体的代表,和谁对接。当你进入领导者岗位,你就被自动成为一个关系网络中的基本角色。你要了解这个关系网络的每一环——不管是正式的还是非正式的。

谁直接向我汇报?

详细地阅读人事档案,同前任和上司进行讨论,将有助于你了解下属的品性以及你的责任范围。富有经验的人力资源总监是另一个重要的信息来源。在你接管之后，迅速地和直接汇报给你的下属进行一对一的会谈，没有什么比这更为有效了。

你的下层主管有没有和他们的下属进行辅导对话，不佳的工作表现有没有被认识、记录和纠正，了解这些对你非常有用。

确保组织在之后几年的政策连续性，你必须据此对人事安排有所规划。你要考虑到诸多因素，从计划的退休安排到核心下属的离开，到建立帮助年轻员工往上流动的升职体系。

我将要领导的组织的整体规模和架构是什么？

现行的组织架构是否有效，同时是否能够鼓励进取和创新？你需要研究组织的效能，确定它的管理范围是否有效。不需要太多人直接向领导者汇报。当你研究组织架构认定的时候，不仅要了解它对目前生产力的影响，也要考虑到它对未来可能的影响。进取和创新是必须鼓励的，因为它们将会决定组织将来成功与否。你要针对组织架构做一些必要的改革，使它们发挥积极的正面效果。

很多大型组织都有分散在各地的工厂、部门、办公室或单位，但仍旧直接或间接地对一名最高领导者负责。你不仅要充分了解你对每一个所属单位所负的责任，还要找出与每个单位沟通的最佳渠道。许多领导者常犯的一个毛病，就是忽略了其他的分支单位，而只忙于应付公司总部和其他对外业务。一个比较好的原则就是，花费较多的时间在各个分支单位上，可以显示你的参与兴趣和对他们的关怀和尊重；作为领导者，你可以第一手地知道这些部门所面临的挑战和取得的成功，与他们沟通政策、计划和疑虑。

是否在执行组织的表现评估标准？

计划是否如期完成，产品是否维持最高品质，整体表现是否可以接受，这些是相当容易确定的。你应该仔细检查下属单位和代理机构的表现记录，确定他们是否遵循了同样的纪律标准，如果没有遵循的话，要督促他们采取迅速恰当的弥补措施。

你应该花费相当的时间来阅读审计员、检验员和评估员出据的报告。对自己的表现夸大其辞，这是任何一个组织很常见的现象——偶尔也会有低估自己的情况发生。带着对感觉和现实的客观理解开始一份新工作很重要。对于一个认真负责的领导者而言，这个评估的过程是持续进行的。

最后，如果你接受的是一个结果不尽如期待的组织，那么你有一个特别的机会表明，对组织里的每一个人来说，是时候开始绘制新的路线了，认识妨碍组织获得最佳成就的那些不利因素，万众一心努力提高组织的各个层面的表现。

我可以用来和部属沟通的方式有哪些？

许多大型组织都定期发行报纸或时事通讯刊物。这些可以为你提供就某一个主题撰写专栏的机会，可以达到你与员工分享观点的目的。地方广播和电视台也是你接触下属及其家人的绝佳途径。公司的录影带、邮件往来、员工会议、去下属机构的餐馆，以及对不同团体的演讲等方式，都是积极的领导者和自己的下属开展有效沟通的途径。

想要成为高效率的领导者，你必须努力避免出现"群体思维"——一种充斥过多通用性的情况，又过快达成一致意见。错误的一致决定，过分的一致性，群体思维对任何组织来说都是有害的。即使由下属提出的想法，有时过于狭隘或方向不对，领导者也必须在作出最后决定前认真倾听。在决策过程的彻底性、开放性和决策执行过程的有效性之间有一种直接的关系。如果下属被给予了足够的机会来表达他们的意见，那么他们在你做出决策之后，也会乐意去执行，即使这个决定并不是他们选择的那一个。

努力前进

在你执掌新公司两三个月之后，写一份"公司的状况"或"部门的状况"报告。用你自己的语言，描述组织的目标和优先等级，表明什么对你来说很重要。这份报告可以让每个人都知道你对组织有着非常好的掌控能力，树立了清晰而可理解的目标，说明了将来需要专注的领域。这封报告在还是草稿的时候，需要在主要的下属间传阅，以征求他们的意见和建议。他们对这封报告的想法很重要，因为他们才是那些支持实现具体目标和实现你的基本理念的人。报告的内容可以在公司、大学或邮报上总结，报告本身必须以书面文件或邮件的形式进行传播。所有的新员工都必须收到这份报告，让他们能够对公司和领导有所了解和认知。

即使你不是公司的CEO（或组织的最高领导者），作为一名中层领导或是分支机构的负责人，你都会发现这样一份报告的好处。它对你所处的独一无二的工作环境很有帮助，不仅能够与下属分享心得，同样重要的是，也能和上司分享。

这份报告必须简短（不要超过两页纸），无可辩驳，没有威胁性。能够清晰地反应出你对组织的想法和梦想。有一些观点需要在报告中被特别强调，如：

- 组织丰富和成功的历史。
- 对公司内部和社区的承诺。
- 对个人和机构诚信的高度有要求。
- 领导者和组织的愿景。
- 对下级主管的分权和授权政策。
- 寻求差异化。
- 创新的需求。
- 创新理念得以推进的程序。

通过三个月的接管之后所写的这份报告,你在从新老板变成全权掌控的那个人的路上,迈出了重要的一步。在你掌管一年之后,重新更新这份报告,根据需要重新写一份,说明你一年来理念、目标和领导力哲学等方面的改变。(制作录影带也是一种有力的沟通方式,但是像信一样,也必须短小——十分钟甚至更短。)

你不要低估一个完善的领导权交接计划能给你带来的好处。如果你能细心而有系统地进行交接的程序,那么你会很快赢得同事的注意和尊敬。一个成功的交接能够使组织在将来的表现和自我评价上面有很大的不同。如果你创造出一种氛围,鼓励和赞扬高度的诚信、良好的计划性和坦率的交流,组织就会很快成为其他机构模仿的典范。

十二·使命、愿景和价值观
夯实成功组织的基础

> 优秀的公司领导者善于创造一个愿景,清晰地加以表述,使下属能够明确理解,并不屈不挠地激励人们实现它。
>
> ——杰克·韦尔奇

任何一个组织创建成功的基础,都是起始于自身的使命、愿景和价值观的发展。这三个目标的设定将会帮助你更好地服务于组织的长期利益。虽然这些任务中的每一个都有各自独立的目的,但是它们相互关联,互相之间环环相扣。没有它们,组织将会没有目标,没有方向,没有标准,没有了管理的界限。有时,成功的组织能够把愿景和任务结合起来,但是在做的时候,他们还是把这三者分别进行处理。

通常,把自己的使命和员工放在心上的领导者,都会渴望在他们的领导下,组织在接管之后,运作更为良好,方向更为明确。定义明确的使命、愿景和价值观,都要被整合糅进公司的战略计划

(参见本书第十三章"创建个战略计划")。一旦制定这些目标,作为领导者,你的角色就是要把它们付诸实践。严格执行一个应对挑战和寻求机遇的计划,将推动组织高标准的持久表现,为它的领导留下值得羡慕的宝贵遗产。

使 命

一个组织的使命表述要肯定组织的目的——组织为什么存在,每天"做什么"。这通常是个简单的描述,几个动词,可能还包括一些有限的形容词。这是为组织的成员、股东和利益相关者的利益而写就的。

任何决策和优先权的确定要以组织的使命为基础。组织的每个成员都要知道他对组织使命的达成所应该作出的贡献,要有适当的识别和奖励计划帮助每个成员专注于自己的工作。最终,任何一个组织的成功不是用人们有多么努力地工作来衡量,而是帮助组织履行使命成功实现设定目标。亚伯拉罕·林肯的个人使命是"保存联盟"。曼德拉一生的使命就是"终止种族隔离制度",特蕾莎修女的个人使命是"对濒临死亡的人表现出同情和怜悯"。每一个都是有力的个人使命表述,阐明简单明确的动机。

使命的表述随着时间和领导力的改变而不断进化演变。以下这些好例子,是过去和现在的一些成功企业的使命表述:

福特汽车公司:我们是一个有优良传统的全球化大家庭,热情承诺为全世界提供个人出行工具。

宝洁公司:为现在和未来的世世代代,提供优质超值的品牌产品和服务,在全世界更多的地方,更全面地亲近和美化更多消费者的生活。作为回报,我们将会获得领先的市场销售地位、不断增长的利润和价值,从而令我们的员工、股东及其生活和工作所处的社会共同繁荣。

摩根士丹利:传递世界上最好的金融思想、产品和执行方案。

微软:我们的使命是助力全球每一人、每一个组织成就不凡。

苹果:承诺通过创新的硬件、软件和网络课程,为全世界的学生、教育者、有创造力的专业人员和消费者带来最好的个人计算体验。

华特·迪斯尼公司:我们通过提供最好的娱乐产品来为全世界各种年龄的人创造快乐。

西点军校:教育、训练和激励学员,让每个毕业生都能成为现役的领袖人物,坚守"责任、荣誉、国家"的价值观,致力于成就一份卓越专业的职业,作为美国军队的军官为国家服务。

奥古斯塔历史博物馆:收集、保存和解读与奥古斯塔及中央萨瓦纳河地区有关的历史,以作为给现在和将来的几代人的教育和丰富知识之用。

康菲石油公司:以先锋精神负责任地为全世界提供能源。

谷歌:集成全球范围的信息,使人人皆可访问并从中受益。

耐克公司:为世界上每一个运动员提供灵感和创新。

美国空军:在空中、太空和网络空间中行动、战斗和赢得胜利。

这些使命表述都短小精悍,容易理解。如果使命表述非常唠叨,通常那是一群人努力的结果,每一个人都想把自己认为重要的东西加进去。虽然团体可以在使命表述上表达意见,但是最终,还是要领导者来决定写什么、为什么这样写。

愿　景

愿景是根据组织的价值观来表述组织的目标以及将来——组织想成为什么样的组织。它应该是灵感的源泉——因为你非常出色地履行了使命,你会得到什么。愿景的目标受众包括组织成员、组织外的那些想要知道他们为什么要投资或与组织一起工作的人。

谚曰:"如果你不知道要去哪里,那么任何一条路都会把你带到。"它提醒我们:没有定义明确和充分理解的愿景,一个组织可能就会挣扎在前行的道路上,不知所向。愿景要清晰简洁,着重于组织最重要的长期目标和优先次序。(如果有母公司,则要和母公司的愿景同步。)

如同你想要一个做主旨发言的演讲者来"点亮全场",激励在场的每一个听众一样,愿景表述也应该是立意高远,而不应该只是对使命表述的简单重复和修饰。

形成组织愿景表述的过程是一种丰富的体验。这个过程本身就为组织提供了发展团队和团队工作的机遇。为了让成员在愿景表述中体会到一种主人翁的感觉,在下属团队中促进创造性思考,你要给团队安排时间会面和讨论形成组织愿景的各种不同意见。

演说家和畅销书《首席执行官——耶稣基督》的作者劳丽·贝丝·琼斯认为:"一个愿景的表述就是将之可视化的过程,要求一个企业准确地写下来一旦使命达成,整个公司的'蓝图'会是什么。"

"太棒了,"她继续说道,"如果你把使命和愿景表述放在一起。很多电视机允许同时看两个频道的足球比赛,(类似地,你可以)看WCI(现在是什么样)和 WCB(将来会是什么样)两个'频道'。把这两幅画面放在一起,有助于你、团队和公司,将使命和愿景无缝链接。"

同使命表述一样,愿景表述也会随着时间和组织的改变不断改进。下面是一些有意义的愿景表述例子:

福特汽车公司:成为世界领先的并能提供自动化产品和服务的"消费品公司"。

宝洁公司:成为并被公认为提供世界一流消费品和服务的公司。

摩根士丹利:把人、思想和资本联合起来,我们将会是客户实现财务理想的第一选择。

微软:一家面向移动优先、云优先世界的生产力和平台公司。

苹果:通过制造为推动人类进步的智慧工具来为世界作贡献。

肯·布兰查德公司:成为实现组织中的人类价值的世界第一倡导者。

美国空军愿景:全球警戒、全球到达和全球力量:围绕着三个核心元素——发展飞行员、实战技术和一体化运作。这三个核心元素使我们的六个独特能力成为可能:航空和航天优势,全球攻击,全球快速机动,精确打击,信息优势和灵活的战斗支援①。

---

① 2013年08月15日,美国空军在其官方网站上对愿景进行了阐释:先发制人释放全部战力。在当前复杂的安全和财政挑战中,空军需要具备创新意识的官兵,以便找到更好和更睿智方式来"行动、战斗和获胜"。教育和训练是美国空军优势的基础,必须予以保护和加强。美国空军将继续在航空与航天优势、ISR(情报、监视与侦察)、快速全球机动、全球打击和指挥控制等5个任务领域做出贡献,并将通过合成自己在空域、天域和网域的部队来最大化这些贡献。2015年9月15日,美国空军发布了由时任空军部长黛博拉·李·詹姆斯和空军参谋长韦尔什上将联合签发的面向2035年《美国空军作战概念》文件,提出新的作战概念是为了更好地支撑美国空军全球能力目标,提出了在2035年前后的五大核心使命:多域指挥与控制、自适应作战域控制、全球一体化情报监视与侦察、快速全球机动、全球精确打击,并阐释了如何将"敏捷性"运用于这些领域。——译者注

价值观

一个组织的价值观帮助确定其文化和行为准则。当价值观被确立、沟通并为组织的成员所接受，就能帮助创造出一种促进团体精神和凝聚力的环境。价值观确定一个组织的风格特点。价值观影响一个组织的决策过程，特别是领导者是否能够坚持以组织的价值观为优先选择。

为了达到最大的有效性，价值观应该由组织的核心成员自己来研究和确定，确保有高度的认同。这些价值观要容易知晓、便于记录、易于理解，时常在组织里面广为传播。利益相关者（员工、股东、客户和供应商等）都想要知道组织代表的是什么、什么是可接受的行为和信条。

在为组织起草价值观表述的时候，考虑以下这些公司的价值观例子，激发灵感，设定自己的优先取舍。

美国陆军：忠诚，职责，尊敬，无私奉献，荣誉，正直，个人勇气。

美国海军陆战队：座右铭"永远忠诚"。无论何时，所有的海军陆战队成员都会忠诚于他们的"部队和国家"、战友[①]。

---

① 对于上上下下一系列的命令，对上级下级和同事负有不可动摇的忠诚的责任。在美国内战后，一些"专家"提议撤销陆战队或将其并入陆军，而一些曾与陆战队员并肩战斗或指挥过陆战队两栖作战的海军高级将领们挺身相救。他们给白宫和国会发去连珠炮似的信件，力证陆战队员的职业能力和英勇精神，称其为"我们永远忠诚的陆战队员"。这一表述沿用下来，演变成 Semper Fidelis，意为"永远忠诚"，并于 1883 年被海军陆战队采纳为官方座右铭。该座右铭在 1867 时年就以纹章装饰在陆战队员头盔上的老鹰衔着的缎带上。这一座右铭既通用作打招呼致意，也作辞别语，简化为 Semper Fi。——译者注

美国童子军：值得信赖，忠诚可靠，乐于助人，为人友善，谦恭有礼，平易近人，服从命令，乐观豁达，勤俭节约，勇敢无畏，整洁纯朴，虔诚恭敬。

华特·迪斯尼公司：不玩世不恭；培育和宣传"健康的美国价值观"；创新，梦想和想象；对一致性和细节的极度关注；保护和控制迪斯尼"魅力"。

肯·布兰查德公司：符合道德观的行为；关系；成功；学习。

价值观的表述

强生公司是一家全球性企业，它的愿景是承诺"研究和科学——带来创新的理念、产品和服务，提升人类的健康和幸福。"强生公司发布了一个能说明公司价值观的信条，这种价值观指导公司的决策，体现他们的使命。用公司自己的话来说，他们的信条就是"挑战（我们）把人类需求和幸福放在（我们的）首位……这不仅仅是道德的指引，我们相信这更是成功的秘诀。"

强生公司的信条

我们相信我们首先要对医生、护士和病人，对父母亲以及所有使用我们的产品和接受我们的服务的人负责。为了满足他们的需求，我们所做的一切都必须是高质量的。我们必须不断地致力于降低成本，以保持合理的价格。客户的订货必须迅速而准确地供应。我们的供应商和经销商应该有机会获得合理的利润。

我们要对世界各地和我们一起共事的男女同仁负责。每一位同仁都应被视为独立的个体。我们必须维护他们的尊严，赞赏他们的优点。要使他们对其工作有一种安全感。薪酬必须公平合理，工作环境必须清洁、整齐和安全。我们必须设法帮助员工履行他们对家庭的责任。必须让员工在提出建议和申诉时畅所欲言。对于合格的人必须给予平等的聘用、发展和升迁的机会。我们必须具备称职的管理人员，他们的行为必须公正并符合道德。

我们要对我们所生活和工作的社会，对整个世界负责。我们必须做好公民——支持对社会有益的活动和慈善事业，缴纳我们应付的税款。我们必须鼓励全民进步，促进健康和教育事业。我们必须很好地维护我们所使用的财产，保护环境和自然资源。

最后，我们要对全体股东负责。企业经营必须获得可靠的利润。我们必须尝试新的构想。必须坚持研究工作，开发革新项目，承担错误的代价并加以改正。必须购置新设备，提供新设施，推出新产品。必须设立储备金，以备不时之需。如果我们依照这些原则进行经营，股东们就会获得合理的回报。

当使命、愿景和价值观被很好地确立，和所有人很好地沟通，并被很好地体现在战略计划里，它们就能把组织带向非同一般的成功，就如在这个部分举例说明的这些企业，还有更多没有列举的。总而言之，这些因素提供了建立一个组织的文化的基础——建立一个成功企业的金钥匙。领导者发展计划在建立和维持整个企业的文化时是很有必要的。作为一名领导者，你要通过努力完成这些重要任务和奠定成功的基础来更好地服务组织。

十三·创建战略计划
通向成功的路线图

> 战略规划并不是做未来的决策,而是为未来做现在的决策。
>
> ——彼得·德鲁克
>
> 如果你不知道要去哪里,最后你可能会去到别的地方。
>
> ——约吉·贝拉[①]

战略计划回答的是你想让组织去向哪里以及如何到达的问

---

① 约吉·贝拉(Lawrence Peter Berra,1925—2015),昵称尤吉·贝拉(Yogi Berra),美国棒球传奇巨星,前美国职业棒球大联盟的捕手、教练与球队经理。18次入选明星赛,13次赢得世界大赛冠军(球员时代10次),曾三度获选美国职业棒球大联盟最有价值球员,美国棒球名人堂球员。除了璀璨的球员生涯,贝拉最为人所知的就是有许多脍炙人口、在古怪中又似乎透着哲理的名言,如:"比赛没有结束前,都不算结束。""我们犯了太多错的错误。""如果世界是完美的,它就不会完美。""棒球比赛有90%取决于心理,另一半取决于身体素质。"——译者注

题。一旦你建立了组织的使命和愿景,每一个人都已经充分理解你所作的每一件事所蕴含的潜在价值,那么接下去最重要的任务就是形成和执行一个战略计划。要想成为最好的领导者之一,你不仅应该是一个有远见的人和决策者,你还应该是一个策划专家。如果你觉得策划不是你的强项,那么绝对有必要去雇佣一个合适的人来执行这个重要的任务。

当你掌控一家(尤其是大型)组织的时候,你必须要问自己两个最重要的问题:"战略计划是什么?""谁是计划的制定者?"如果你没有致力于这样一个制度化的计划过程,你很有可能会变成一个纯粹的看门人,而不能将组织提高到一个更高的层次。

> 被新观念延展过的思想永远都不会再回到它最初的维度。
>
> ——亚伯拉罕·林肯

为什么要有战略计划?

战略计划有助于在未来可能存在的复杂环境中建立良好次序。这样的一个计划,迫使你深入观察寻求能影响到未来的机遇。规划良好的计划能够帮助组织明确想要达到的成功,树立可完成的、可预见的目标。一个经过深思熟虑的计划,有助于组织内部事务优先次序的确立,有助于引导有限资源的投向。这种计划为建立一个责任体制设立了框架,也明确了组织的方向性和连续性。随着时间的推移，一个清晰、特别而又实在、灵活的计划，将为你提供一种审查机制，保证组织能够始终处于它的专业领域而不会陷入大的麻烦。

形成计划的过程必须透明，所有的人都有机会观察和理解正在发生什么，并提供反馈。

这种过程是很有价值的团队建设事件——过程和它的最终结果可能一样具有重大意义。团队中的每一个人，都想知道：他是否契合当下的境况，希望能够成为为将来的成功贡献力量的一分子。一个综合性的计划必须考虑到每一个人的角色。如果有人不能在这个计划中找到自己的位置，你需要修改任务或把这个员工调到另外不同的岗位来解决这个问题。

计划体系的一个主要目标是鼓励组织内部的活力和创新精神。很多领导者只是说得好听，实际上既没有创造出一种创新的氛围，也没有创建一个有利于创新的组织架构。领导者必须阶段性地在组织内部检查创新的数量、质量和速度。他们必须对新观念持有开放的态度，同时也要对新观念的实施可能会引起的动荡不安保持敏锐把握。把这一点写进组织的战略计划有助于确立你的领导基调。

最后，计划的存在和坚持也可被视为一种有效的工具，能够影响股东，影响那些有意服务组织或为组织做贡献的人。

底线就是这个计划能够帮助你制控组织的未来和命运。

起草一个成功计划的七要素

1. 选择最好的团队来起草计划

没有一个 CEO 能够独自完成战略计划。从组织内部（或顾问团）选择最有天赋、最有经验的人来一起完成。成功的 CEO 不会因为自己能够成功运营一个部门就认为自己能够掌控一切。组织的各个部门会从完全不同的角度审视战略计划，你必须理解预算部门和运营部门看问题的角度非常不同，人事部门、营销部门亦然。领导者的任务就是建立一个系统，允许不同部门有不同的计划，但是这些不同的计划又始终在一个整体战略计划系统内。

一个高效的团队不仅是观念的交换中心，也是观念的创新者。同样重要的是，这个团队能够以书面报告或个人陈述的方式高效地进行沟通。

2. 说明白你的期待

既然你要求一队人马来制定一个可行的计划，在这个过程中，你必须时刻准备着为他们提供指导和建议。你必须对这个战略计划的目的性非常明确，强调组织的使命和愿景，划出他们工作的范围和底线。你和其他参与指导这个过程的高层领导都要做好功课，知道自己想要什么，需要达到什么目的，对怎么来达成这一切要有一个相当坚定的把握。如果你是一个新晋的领导，公司内外的股东们都在拭目以待——他们不会有耐心等太久让你有充分时间表达想法。

3. 让计划过程尽在掌握

为了确保计划制定不迷失，你和高层领导们必须和计划制定团队保持直接联系和接触，和他们定期开会，目的是为了——

- 澄清计划的目的。

- 推进对内容和组织的决策。
- 提交框架或草稿来审核。
- 讨论一些不适合在其他公开场合讨论的敏感话题。

在整个计划制定过程中,被指派到这个团队中的个人都应该有特别许可,可以对你和其他决策者进行接触和联系,特别是当有些可能影响起草计划的人的重要事件发生的时候。

4. 灵活多变

正如组织中的每个部门对这个计划都有自己的需求和优先原则,你必须做好准备融合这些需求和变化的形势。当前的时事,商业的发展,灾难的发生,人事的变动,甚至是自然界的变化,等等,都可能对这个精心布置的计划产生不利的影响。不仅在计划制定的过程中,而且在计划成文和开始实施之后,你要考虑到这些偶发事件。实际上,任何一个计划的制定,都要考虑到这些意外事故的影响。

5. 决定计划的有效期

计划覆盖的时间长度取决于组织的类型及其使命。在当今商业社会的快节奏环境里,预测这个时间段——特别是什么时候开始落实实施的细节——18 到 24 个月是比较合理的。对于某些特定行业,比如制造业工厂,需要很长的研究周期,对主要设备的改良也需要非常大的支出,这样的话,3 到 5 年将会是一个更为合理的时间。很多组织更希望在一个预算周期里能保持一个相对短期的计划,或根据组织、市场或是股东的期望等具体情况来调整计划的周期。同样是这些股东,希望早点看到计划的实施行动,但是在这之前,他们需要确认提交给他们的是一个可执行的、合理的计划。

6. 决定计划要包含什么以及如何组织计划

一个上乘的战略计划,不仅包含商业运作什么和如何运作等最基本的要素,而且必须以一种坦率的、容易被人理解的、符合逻辑的方式进行陈述。内容的组织取决于你想传递的信息,你可以选择按时间先后顺序或从大蓝图到小细节进行陈述。不管用哪一种内容组织方式,一定要保持前后一致,避免混淆和重复。

无论方法是什么,一个计划包括的无非是以下这些典型内容的全部或部分:

- 使命和愿景:履行使命和实现愿景是计划的基本内容。
- 现有环境的评估:认识和描述组织的优势和弱势以及机遇和威胁(SWOT 分析法)。
- 主要目标和次要目标:按一定的逻辑分成不同的组进行阐述,这些目标必须有助于简化复杂的使命表述,澄清和强调愿景。它们将会表明:在为了赢得组织的短期和长期胜利而采取的行动中,哪些是优先考虑的。
- 行动项目:清晰简要地列明短期、中期和长期要做什么。
- 人员安排:指派小组/部门/人员负责落实各自的行动。
- 不断学习:战略计划最重要一点是要发展和挽留员工。如同许多人要懂得技术技能,有些人则要求有独立的领导技巧。去识别这些需求,在继续学习和领导力发展项目上有所投资,这是战略计划中重要项目。

- 衡量进步的指标：管理大师彼得·德鲁克说，"如果你无法衡量，你就无法管理。"每隔一段时间，公司股东希望也必须了解组织表现有多好（坏），采取步骤获得最大化收益或解决问题。

7. 简洁

简洁不仅是智慧的精髓，也是一个好的战略计划的标志。明智地选择用词会呈现最好的结果。理想的战略计划要尽可能地短小精练，同时在内容上不遗漏必要的构成要素。长度根据组织的规模和复杂程度以及你对组织长短期目标的期待而变化。计划的目的是为组织的发展方向提供一个"框架"，至于你如何实现目标的种种诸多细节，可以放到将来的讨论或在和涉及到具体活动执行的那些人员开会时再来展示。

还有一个同样重要的事实是，你要鼓励每位股东对这份文件了然于心，在实用性方面，记录越长，可读性越低。你也要鼓励过程中的每一个人，过多的细节会妨碍读者正确理解，或剥夺他们能把自己负责的那一部分有效实施起来的信心。（好的领导者的标志，就是他们能够允许下属在一定范围内自主创新和解决问题，而不为官僚主义的条条框框所限制。）

有些计划会有附录或分类补充，涉及细节——敏感技术、发展思路，或涉及未决诉讼——你不希望在更大的范围内为人所知，你要自行裁决在有必要知悉的群里传阅。

领导者的规则与工具

展望未来

> 我对未来有兴趣,因为那是我计划度过余生的地方。
>
> ——查尔斯·F.凯特灵①

战略计划也许会覆盖后面的18到24个月,在某些情况下,会覆盖更长的时间,所以,一个好的计划需要预见到组织的自然发展趋势以及意外事件的发生,如上文所述的灵活可称之为"变通"。实施组织需要的变革来延续它的相关性或保持在市场中的盈利能力,是一项重要的任务。对组织的健康发展来说,特别是大的企业或全球性企业来说,有两个非常重要的方面,那就是"剥离"和"收购"。这两个方面都值得在这里做一番讨论,并在你的战略计划中有所体现。

所有大型组织都要推行积极的"剥离"战略,确保没有保留过时或不恰当的政策,诸如设置的办公室、推行的学说或研发计划

---

① 查尔斯·F.凯特灵(Charles Franklin Kettering,1876—1958),美国发明家,工程师,商人,拥有186项专利,被誉为"创新之父"。德尔科的创始人,1920年至1947年任通用汽车公司的研究主管,在通用汽车开创了一个时代,技术革新成为这家全球知名汽车制造商的核心理念。他最广泛使用的汽车开发项目是电子启动器和含铅汽油。他与杜邦化学公司联合,负责制冷和空调系统的氟利昂制冷剂的发明;还负责Duco漆和搪瓷的开发,这是大规模生产的汽车的首款实用彩色涂料。1918年,凯特林设计了"空中鱼雷(Bug)",被认为是第一枚空中导弹,引发了导弹和电子无人驾驶飞行器的发展。他领导了实用、轻便的二冲程柴油发动机,彻底改变了机车和重型设备行业。1927年,他创立了凯特林基金会,一个非党派研究基金会。1998年,GMI工程和管理研究所(原通用汽车研究所)更名为凯特林大学,以纪念凯特灵。——译者注

等。同样,组织需要在机会乍现的时候,当机立断地进行"收购"。对盈利性公司进行财务分析,通常不仅要指出它的弱项和过时的东西,还要特别强调哪里存在机会,值得去更深入地研究是否需要扩张。在政府机构,剥离是一个更具有挑战性的过程,因为落后的领域更难辨识,也更难从政府机构中进行剥离。

组织在主力攻取方面的技术能力是非常重要的属性,没有这种能力,失败的风险就会大大增加。因此,剥离不仅是要去除"蹩脚货"的负担,也要卖掉已经不契合组织"精神"或不能发挥组织优势的那部分生意。例如,战后美国军队,乔治·马歇尔将军非常英明地支持建立一支自主的独立的空军,因此,军队就能够把它的力量集中在能力最强的地方——地面作战。

乔治·马歇尔致力于作战计划,他知道那些真正有天分和创造力的年轻人在哪里,他很愿意雇佣、培养并奖励他们,这些特质对美国军队在二战中的胜利起到了举足轻重的作用。在二战之前所完成的动态计划,保证了美国陆军和陆军航空兵团[①]的胜利。马歇尔将军承诺创新,在建立一支独立的美国空军、制订马歇尔计划,在1940年代的战争期间和在美国国务院做重要战略计划努力时,都起到了重要的作用。作为同时是军队和文官政府的领导人,马歇尔毫无疑问是杰出的代表——在那个时代,无出其右——在所有他所领导的组织:美国陆军、国务院和国防部中,他都创建了

---

① 1941年6月21日,美国陆军部建立了"陆军航空队",下设参谋部,并以亨利·阿诺德中将为参谋长。这些调整反映了1939年起任陆军参谋长的乔治·马歇尔将军的看法和愿望。第二次世界大战期间,美国航空兵不像英国、德国和意大利的航空兵那样独立,在名义上仍然是陆军的一部分。但是,在12月至翌年1月的盟军首次"最高"级会议上,作为美国参谋长联席会议三个成员之一的阿诺德将军和马歇尔将军、海军作战部长金上将一起,同三位英国三军参谋长们平起平坐,共同指导英美为战争所做的努力。——译者注

一种高度的诚信、信任、创新和使命感的氛围。如果你想找一个楷模来模仿,那么毫无疑问,马歇尔将军是首选。

证明制定战略计划必要性的另一个非凡的领导力榜样是亨利·阿诺德将军。到1943年的夏天,他已经建立了一个战略部门,全力以赴专注于战后世界的挑战和机遇。他同样在战后迅速创立了兰德公司①。这是非常重要和有创造性的一步。兰德公司很快就成为研究机构的典范,在那里完成了高质量的、相关政策的——更重要的是跨学科的各项研究。兰德公司的创立及其在空军的战略和政策制定方面的影响力,史无前例,独一无二。它为其他支持政府组织或机构决策的类似研究团体提供了范本。

计划成功实施的关键

在组织内部推行计划的过程中,可能会有一些阻力,你要对此做好心理准备。比如有这样一种糟糕经历的人,过去曾花费大量

---

① 兰德公司是美国最重要的以军事为主的综合性战略研究机构。它先以研究军事尖端科学技术和重大军事战略而著称于世,继而又扩展到内外政策各方面,逐渐发展成为一个研究政治、军事、经济科技、社会等各方面的综合性思想库,被誉为现代智囊的"大脑集中营""超级军事学院",以及世界智囊团的开创者和代言人。它可以说是当今美国乃至世界最负盛名的决策咨询机构。正式成立于1948年11月。二战期间,美国一批科学家和工程师参加军事工作,把运筹学运用于作战方面,获得成绩,颇受朝野重视。战后,为了继续这项工作,1944年11月,当时陆军航空队司令亨利·阿诺德上将提出一项关于《战后和下次大战时美国研究与发展计划》的备忘录,要求利用这批人员,成立一个"独立的、介于官民之间进行客观分析的研究机构","避免未来的国家灾祸,并赢得下次大战的胜利"。根据这项建议,1945年底,美国陆军航空队与道格拉斯飞机公司签订一项1 000万美元的"研究与发展"计划的合同,这就是有名的"兰德计划"。"兰德(Rand)"的名称是英文"研究与发展(research and development)"两词的缩写。不久,美国陆军航空队独立成为空军。1948年5月,阿诺德在福特基金会捐赠100万美元的赞助下,"兰德计划"脱离道格拉斯飞机公司,正式成立独立的兰德公司。——译者注

时间制定用了一个计划,结果却眼睁睁地看着这个计划被束之高阁,再也没有被提起。

另一个经常出现的问题,就是计划里认可的优先次序被忽视了,因为有限的资源没有任何理由地被分配给了别处——由此伤害了计划的可信度和你的领导力。知道人们的关切并提前告诉他们——整个组织都会因为通力合作而获益。

战略计划要成功,必须要有可信度。它必须获得组织的领导者和股东的认可。它要有一个内置的责任制机制。参考下面这个至关重要的问题清单,有助于成功实施你的战略计划:

- 计划是否以一种被全体股东理解的简约而清晰的方式起草?
- 计划是否支持组织的使命和愿景?
- 计划是否可行?
- 你是否清楚计划中的那些特别具有挑战性的方面?
- 计划是否让组织从上到下都"买账"?
- 那些在过程中"投资"的人是否有主人翁的感受?
- 计划是否与母公司血脉相连?
- 计划是否清晰表述了每个目标的内容及指标?
- 有没有建立问责制度,每个人都知道在计划执行过程中自己的职责所在?
- 有没有一个系统来跟踪计划执行的进展,包括对计划要点的定期评估、每个目标负责人提交的现状和进度阶段性报告?
- 关于计划执行情况的清晰的书面报告有没有提供给所有指定的股东?
- 计划是否灵活,在合理范围内,能够根据现有环境状况适时调整？你有没有对可预见和不可预见的事件的发生负责？
- 有无这样的过程：失败的时候，能够一起找到解决方案并实施之，不仅是与相关负责人合作，而且是与视为一体的整个团队合作？

当杰夫接任美国陆军信号中心总部的指挥官的时候，这是一个面临将来资源减少的组织，战略方向不明，没有明确符合陆军未来发展计划的优先原则。信号中心是陆军技术沟通和信息交换部门的大本营，在这里，学说得以发展，针对未来通信能力的战略计划得以产生；同时，在这里，国民警卫队和后备役部队中的60 000名通讯和计算机操作人员的专业教育、培训和领导力发展计划得以实施。它迫切需要一个战略计划。

杰夫用了6个多月的时间，领导了这个战略计划的产生，最终取得的成果是一个经过改良的愿景和使命，在未来18个月内达成8个主要目标、完成117项特别任务。所有的一切的完成，遵循了一个成功的战略计划的关键。杰夫及其团队在军队里面发布了一个12页的"执行摘要"，帮助推广这个战略计划，并让所有的相关人员都了解到信号中心正在执行的优先规则。在接下去18个多月时间里，每3个月，那些负责每个目标的领导者都会提交他们的进展报告，领导团队对这些报告进行评估和讨论。整个过程透明而公正，所有重要的指导原则广而告之，慎重作出重要决策。计划的质量、领导层的认同和全体员工的共同努力，周密的执行程序，让所有肩负任务的人更上台阶，取得了如愿以偿的成就。

当组织的愿景基于仔细考虑和研究，你就能带领组织取得更好的表现和更高的效率。战略计划是实现愿景和完成使命的必由之路。反之,如果你拒绝战略计划,你不可避免地将会错过成长和成功的机遇。把上乘的系统计划和柔性团队很好地结合起来,最后的结果会事半功倍。

十四·向下授权和寻求反馈
两难抉择

> 听上去很奇怪,伟大的领导者控制权力的办法就是授权。
>
> ——詹姆斯·斯托克代尔

> 如果领导者不能与部属一起分担领导的职能,将无益于他领导的组织。你会发现,在一个公司里,领导中心越多,公司越强壮。
>
> ——大卫·奥格尔

到底是集权还是分权,在关于领导力的诸多文献中,有大量的讨论。大部分运转良好的组织都是在两者间取得平衡。在组织内的每一个层级,都应该有相应的决策权,要授予下级单位一定的权力。最好的领导者清楚掌握每一个层级的决策及其权力。他们知道哪些决策应该由哪个层级的下属来做出。另外,当下级主管和下属在他们的权限内做出合适的决策的时候,他们会给予鼓励。

在向下授权和委派任务的过程中，很重要的一点是，要确定部属理解组织的价值观、目标、优先顺序和整个蓝图。这是一项持续不断的努力，各级领导者要扮演导师的角色，强调组织的标准，并加强下属对此的了解。向下授权和分层负责并不是意味着高级领导者就可以不闻不问或事不关己，而是意味着领导者对这些决策过程并不过分地干预。

对各个层级的下属来说，重要的是他们的工作能够获得心理上的认可和回报。这些可以通过信任他们的权力和做出的决定得以满足。下级领导者应该感到责无旁贷、责任重大。在美国，更好的沟通和更多的中央集权已经成为一种趋势，所有的领导者都要努力实现让不同的层级享有不同的决策权。

但是，大型现代化组织中，良好的沟通渠道和多元化的反馈机制，却造成了一种左右为难的局面。我们经常看到如下情况：新领导者接手组织后，重新改组组织结构以便向下授权，表明了一种授权给下属的哲学，建立了很好的反馈机制。然而，一旦那些反馈系统给领导者提供了足够多的资讯之后，他们就会介入到有问题的领域或其个人感兴趣的方面。很快，领导者就会积极寻求重新大权在握，以便直接作出本应该由下级主管负责的决策。

如何在中央集权和向下授权之间寻求平衡？领导者要学会心平气和地接受反馈意见——不要惊慌失措。通过那些反馈意见去了解下属的疑虑和想法。倘能如此，你可以掌握各个层级所做的决策，而又不至于全面介入所有决策的过程。询问下级主管一些关键问题，也有助于你达成目标。不要花时间争着去解决部属能够胜任解决的问题。在少数特殊情况下，你也许觉得必须亲自介入一些问题。如果你确定要直接介入，也要和平时负责这个板块的下级主管精诚合作。这样,他们才不会觉得自己被忽视了,他们可以由此学到有价值的技巧。身为一名领导者,你要关注并且掌握组织现状,但是要注意避免任何一种成为一个"控制狂"可能趋向,否则,你将陷入无穷尽的细枝末节的管理误区之中,不能自拔。微观管理对于领导者没有多大的积极意义,意识到这一点很重要;个人被动陷入大量无止尽的无关紧要的细枝末节,这种倾向要不得。

如果组织中已经有了适度数量的向下授权,领导者必须确立一些有效的反馈机制。能够提供良好反馈的一般层次结构(或军中所称的指挥链)虽然很有帮助,但是还需要辅以其他方法。一套检查系统和一套审计系统是可以帮助你获得重要的信息的两种方法。你要与检查系统和审计系统的负责人保持密切联系,由他们来告诉你完整而原始的事实真相。检查系统必须网罗最好的人才,因为他们出色的专业能力,才能赢得各个层级的尊重。检查系统必须强调诚信,不能敷衍了事或隐瞒重要事实。下级组织中成立自我检查系统也是有效的方法。你要对成立这样的系统表示兴趣和支持,并要求未被自我检查体系覆盖的其他问题领域提供阶段性的报告。

管理控制系统能够提供领导者大量可以量化的资料,也是提供反馈的有效机制之一。然而,一旦用之不当,它们也会变成沉重的负担,并伤及组织的使命,沦为篡改资料、不实报告。不要认为电脑提供的有关组织的资料都是最新的或正确的。如果你发现电脑系统的信息不正确或不诚实,你应该立即采取补救措施,如有必要,切断系统。有效支持组织的领导者掌握情况和做出决策,这样的信息流必须恢复。管理控制系统要定期检查,细节可交由外部机构进行,目的是要确保它真正能够满足你的需要和组织使命的要求。

  偶尔,领导要深入研究下属机构送交到公司总部的报告文件。这些报告通常会对下属造成压力,有可能诱使他们做出违反诚信原则的事情。换句话说,送交到公司总部的文件,有可能潜藏着某种违反个人和组织的诚信、道德的事情。有些下属有"捏造"数据或篡改结果的企图。因此,你应该知道他们送交的文件并非绝对诚实可靠。你要在可能的情况下,偶尔做一些巧妙而又不易为人察觉的检查。

  组织底层的员工能够很快分辨哪些领导是虚伪的或不中用的,因此,他们可以成为你审视自己手下主管领导的一个有效资源。有些你觉得不错的下属,但是在他们的下属眼里可能是完全不同的人。创意领导力中心前任董事长沃尔特·厄尔默,曾担任过很多高级领导的职位,他就觉得在评估自己的下属时,应该同时听取下属的意见。虽然这样的做法在礼仪上有些不切实际,但是厄尔默的看法还是充满着智慧。非正式的反馈机制可以帮助领导者发现那些表现糟糕的下级主管。360度反馈机制是一个有效的方法。这些360度系统非常简单而有效。除了从老板那里得到反馈之外,你还可以从同僚和下属那里获得信息。另外,在这种多元化的反馈系统中,自我评估是一个不可或缺的部分。

  在组织的层级之外或不直接为最高领导者工作的局外人所提供的非正式反馈是很有用的。退休的下属如果还和组织内昔日同僚或朋友保持密切联系,就可以提供成熟而客观的反馈。员工配偶之间的沟通渠道也可以提供有价值的洞见。另外,总是有些消息灵通的人,虽然并没有在组织内担任要职,但是可以提供一些有用的信息反馈。

通过朋友间的非正式谈话来收集信息，也是一种非常有效的方式。一名公司资产数十亿美元的董事长（也是佩里的朋友）曾经告诉佩里，他掌握公司各方面动态的办法，就是通过公司中的朋友和同业间的私下电话联系而来。这个人十分平易近人，不难理解他能拥有广大的人脉和信息渠道，也由于他人缘很好，使得他能够一直保持消息灵通。他真诚的魅力和关心别人的姿态，使他能够有效地掌握业界的情况。

通过非正式的反馈方式要非常谨慎。身为一名领导者，你有责任去支持下属，而不应违反层级伦理。另一方面，如果不善于利用非正式的渠道，也有可能犯下错误。如果没有多元化的渠道可以支持良好的反馈机制，领导者只能了解部分真相，长此以往，会被孤立在真正的问题之外。孤立会减弱领导者预判问题、接受创新观念、充分利用机会的能力，使得他无法成为一个明智而勇于创新的领导者。

你要对那些自认为是"二等公民"的人或团体提供的意见格外留意。如果得不到适当的关注，这些群体就会士气低落，表现欠佳。领导者可能会面临一个左右为难的境地：虽然向下授权可以和下属分享权力，提供实际的领导经验，但也可能因此忽视了某些群体，例如清洁维修人员、行政和杂物人员等。你要为这些人提供特别的时间，支持他们，关爱他们。

十五 · 全方位发展
建立沟通桥梁和智囊团

> 与上司相处就像与火共处,既不能靠得太近,以免引火烧身;也不能离得太远,以免冻死。
>
> ——第欧根尼
>
> 我们必须团结一致,否则就会被各个击破。
>
> ——本杰明·富兰克林

面面俱到的领导者必须在他们自己的组织内部有效地工作,这只是一个假设而已。作为一个领导者的角色,不管是整个公司的还是一个部门的,你必须管理直接或间接向你汇报的下属,与同僚合作无间,培养和上司的感情。最终,你要负责起组织与客户、股东和利益相关者的互动和合作。同样重要的是,你也是组织面对外部机构和团体的大使,即使它们看起来与业务没有任何直接的联系和利益关系。

管理,特别是在大型组织,是一门艺术。当你努力促进和保持一种基于忠诚和尊重的相互信任的氛围时，组织内的每个人都会受益。当然，当你负责的那个部门出色地履行了职责、完成了任务和使命的时候，更容易赢得信任和尊重。但是，杰出表现不是得到高层的合作和支持的保证。有太多的因素会影响"高级总部"与你之间的动态关系。

你可能期待高层能够在下级部门实现他们目标的过程中给予支持，然而不幸的是，这种情况并不会经常发生。你必须非常小心，高层会对你的下属提出不合理的要求，给予他们不必要的压力，或忘却了你的部门和整个组织的真正的使命——使命应该得以很好地兼顾。如果你是一家大型组织的一个部门领导，你的责任不仅是确保你和上司在目标是什么和在如何达成目标上是完全一致的，而且必须在上司对你的下属要求过多时成为他们之间的"隔热层"。你应该也必须在适合组织等级制度和指挥链的前提下，设定互动的标准。这是一项需要有外交智慧并兼顾到每一个人的相互尊重才能完成的工作。

高层领导希望他们的员工和下级部门能够一起和谐地工作。你想鼓励下属有创新精神、独立、且负责任，如果因此而引发了部门间的争斗，工作是要用机智的、深思熟虑的、合适的方式来解决问题。如果一场"战争"发动了，收集所有的事实，亲自参战——在合适的时机，以合适的方式。很多大型组织有预案，来处理上下层之间、部门间的争议。你要知道并遵循这些程序。在别的情况下，常识和日常礼节会告诉你应该怎么去做。

不管你是中层领导还是终极领导，如何更好地引导组织内部沟通和交流，这是最为重要的。所有上司上头还有上司。每个人在高层和下属之间，都是属于中层。向上汇报成果、困难和解决方案,与下属分享上层总部的指示、关切和对团队的评估,这两者同等重要。

和兄弟组织建立伙伴关系是非常重要的任务,哪怕不是互相热爱,也必须建立在信任和尊重的基础之上。作为多组织的全能领导,对"领土战"、破坏性批评、背后诋毁和散布谣言等等,你要零容忍。明确每个部门的角色和你对他们的期望,确保从上到下、从组织的一个部门到另一个部门,都有恰如其分的沟通和交流,这是你的责任。在一个制造性企业的两个生产单位之间,一个银行的两个分行之间,在策划者和程序执行者之间,在州长办公室和州议会之间,在国防部和国务院之间,这样的争斗无处不在,领导者要确保大家有效沟通通力合作,就要在一定程度上避免无谓的对抗。

作为一个部门的领导,你要为下属的行为负责,但是同样重要的是,当兄弟部门之间出现争议的时候,你要去和上层管理者谈判。

如果你、下级主管、上司能够一起精诚合作,开诚布公,你就能避免把健康的竞争关系变成无益的批评、狭隘的偏见和消极对抗。

向外扩展

太多的领导者埋头于日复一日的事务工作,而忘记了成功不仅仅是依赖于组织的财务表现,而且在很大程度上,依赖于其他部门、机构和组织的支持。每个组织都是一个更大的社区的一部分。从城镇、地区或你生活的国家,到和组织一致的行业协会,到员工参与的社会组织,你、员工和组织的参与会让你获益良多,不仅仅是公共关系形象的提升和由于你的参与而产生的好感。不仅要支持这些团体——从少年棒球联盟到学校到慈善组织——而且还要鼓励员工积极参与，在此过程中，尽可能地成为社区组织的大使，这会为组织带来好处。作为一名领导者，在你个人保证参与的志愿者工作方面，你必须成为下属的榜样。

你或许会将媒体关系交付给企业公共关系和信息沟通部门处理，但是，与媒体建立持续的个人和可信任的关系，无论在顺境还是在危机时，会让你的经历表现得更好些。让自己成为你所在的专业领域的关键个人，比更多广告和付费推广效果好，价值超乎想象。

智囊团

当你在处理搭建组织内外沟通桥梁的时候，这种努力带来的一个自然结果就是智囊团的建立。你难免要网罗一帮有天分的、有原则的顾问，建立一个非正式的群体，在你面对挑战或需要建议的时候，借助他们。智囊团的成员，集体的或个别的，都会带来他们自己的专业意见和客观观点。你对他们的意见所持的开放程度越高，智囊团的价值就越高；反之亦然。

组建小范围的精英团队作为"道德"智囊团，这点至关重要。你选择出现在这个小圈子里面的人应该有强有力的记录，证明他们在某些重要事务上，能够站在道德的立场审视问题。你难免会遇到一些牵涉到道德问题的情况，那么道德智囊团首先可以作为咨询对象；其二，可以从他们那里得到什么是最好的解决办法的建议。

十六 · 做重要的决策
八点有用的检查

> 长远来说,人们只能击中他们所瞄准的目标。
> ——亨利·大卫·梭罗
>
> 在所有能说的说完、能做的做完之后,发现说的要比做的多得多。
> ——无名氏

所有真正的领导者都是变革的推动者,因为是他们创造出战略性愿景,把他们的组织带到更为出色、高远的境地。决策的过程是领导者实现这些目标的重要途径。为了使这部分属于领导力表现之一的要素最为高效,必须让决策过程系统化。

根据我们在政府机关任职的经验和近距离观察许多企业公司所发现的,我们发现许多高级主管都试图做太多的决策。实际上,组织内的大部分决策应该由他们底下的各个层级负责做出,领导者则应该把他们的大部分时间放在真正关键和敏感的决策上。英明的领导者,实际上,把他们的大部分注意力都集中在重大的决策(每年约12个)上或特别敏感议题的决策上(约12个)。一般来说,如果领导者试图做过多的决策,他们会在两方面陷入败局。他们既无法充分了解每个问题,也不能确保执行的过程遵循了决策的内容和精神。领导者试图做得越多,长期来说,他们完成得更少。

在做一个决策之前,你要确保已经做过周详的协调,组织内外的所有重要参与者都有机会充分表达他们的看法。在任何一个决策的会议上,你应该掏出那些沉默的怀疑者的意见。他们对你要做出的决策忧心忡忡,这一点你要引起注意。你的决策将会引发怎样事与愿违的结果,他们能提出审慎的意见。

当你的决策将要拍板定案时,有八点重要检查事项要做:(1)健全检查;(2)尊严检查;(3)系统检查;(4)媒体检查;(5)安全检查;(6)策略检查;(7)诚信检查;(8)执行检查。这八点检查法则,不论是作为领导者还是作为高级主管的顾问,都大有裨益。

1. 健全检查。很简单,但是很重要。既然协调过程已经结束,微妙的妥协也做了——为了获得主要参与者和关键机构的支持,这个决定讲得通吗?我们是创造了一匹血统纯正的赛马,一匹步伐沉重但还算稳当的劳役马,还是一只有十个驼峰的骆驼?那匹劳役马也许是你所能得到的最好的选择,你也许勉强接受这样的选择。但是,不要接受那个骆驼。如果决策不合理,领导者有义务拒绝这个决策,并指示下属重新考虑。如果领导者没有给出任何应该如何改进的指示说明,就直接将决策退回重议,这样对下属来说不公平。

2. 尊严检查。这个检查也是基本而简单的。你要考虑的是，这个决策是否能够提高组织及其领导者的威望和尊严，还是有损组织的名声？如果是后者的话——如果决策看起来很不堪——你就应该将它退回重议。而且，你应该给下属提供一些明确的"自上而下"的指示，说明你反对的理由，并给出具体建议来修正问题。

3. 系统检查。需要对决策的各个方面做细致的考虑，以确保内在的一致性和连贯性。还要考虑这个决定是否符合组织目标，即使这个决策的各个部分单独分析时都很合理，但是决策要有意义，就必须整体考量。一个连贯的决策有最大的机会以符合领导者和组织利益的方式来执行。拿飞机做比喻，就可以明白这个道理。飞机的机翼、机身、引擎、驾驶舱、降落装置和驾驶员之间必须配合良好，否则飞机（决策）就飞不起来——或者即使能飞起来，不会飞得顺利。

4. 媒体检查。做一个直截了当的审视：这个决策会以一种什么面目，出现在平面媒体或电子媒体的报道中。以我们在五角大楼工作多年的经验来看，我发现这方面的讨论是最能阻止我们和上司做出愚蠢的决定的。一个有效的办法就是，拟出一个非常具有批判性的标题，然后在适当的时机下，提出问题："我可以想象下个星期报纸上的标题和副标题写着——'国防部决定将国家战争学院改名为国防学院：仍然研究战争；国防部的另一桩骗人花招？'"虽然媒体曾经遭到很多的批评，而且很多批评也是理所应当的，但是，如果不是媒体扮演了看门人和批评者的角色，政府、机构或其他地方做出的愚蠢决策将会明显增加。

5. 安全检查。应该考虑到员工以及消费者生理和心理的健康。一个工厂的产品会有不同的人群来使用。如果一个产品会释放低剂量但足以构成对人体危害的辐射，如果长期使用该产品会导致手腕关节炎，如果某种药物的副作用会危害服用者，如果食物含有过量的细菌，如果驾驶员被迫每天工作14个小时来把产品运送到市场，或是生产线上的工人使用的护耳器不是最可靠，你，作为领导者，必须要醒悟，立刻介入，并采取果断的行动来改正问题。

6. 策略检查。在评估一个决策对组织的未来产生多大助益或危害时，尤为重要。当组织已经有了综合性的长期战略计划，这些计划的设计会帮助推进主要的决策。总而言之，需要做出的决策要与已经被批准的战略计划中记录在案的优先原则相一致。如果作出的决策偏离了长期的计划，那么每一个人都要清晰地审视这样的决策是否合理。许多决策通常表现出良好的战术意识，但是却没有经过严格的战略性检查。

20世纪80年代早期，IBM做出了一个有意识的决定，"攻击"内部主张发展个人电脑业务的主张者，因为他们的主张开始威胁到公司制造大型主机的策略方向。结果IBM放弃它早期在个人电脑技术方面领先的优势，而让惠普、戴尔和苹果电脑取得了很大的市场占有率。这就是缺乏大战略的例子，而他们本来可以同时发展大型主机和个人电脑。

再举一个例子，想象一下日本当时空袭珍珠港的决定。如果日本的领导人在1941年就发动空袭的决定进行客观的战略性分析，他们也许就不会轻举妄动。如果他们当时能质疑：美国在经历一场惨痛的偷袭之后,愿意乞求和平吗?有眼光的领导者就会主张暂缓行动。日本的领导者应该自己去看看美国的历史。每一次美国人认为遭受了外力入侵——1812年英军入侵①、墨西哥人侵略阿拉莫②、西班牙人击沉了缅因号战舰③,美国第一次加入世界大战前在公海上遭遇德国U型舰队攻击,等等——美国总是会以强大的武力反击。东条英机和其他日本领导者都是聪明的战术家,但却是最差劲的战略家。他们没有做客观的策略检查。

---

① 1812年战争,又称第二次独立战争,发生于美国与英国之间,持续3年。美国独立战争结束后,英美之间的主权之争并未停止。作为英国殖民地的加拿大,人口稀少,防御松懈。美国欲向北扩张,并且期待加拿大居民将美国军队视为解放者。美军于当年向北进攻加拿大,英军南下进攻新英格兰……1815年双方停战,边界恢复原状。
　　这场逼和大英帝国的战争为美国赢得了极高的国际声望,使美国民众爱国热情高涨,因此亦称为第二次独立战争。战后在温斯菲尔德·斯科特将军的倡导下,美国军事学院(西点军校)开始大力为美国军队培养职业军官。战时英国对美国港口的封锁导致了纺织品短缺,却因此催生了美国纺织工业。西南地区的战斗使美国与当地原住民部落冲突加剧,美国随后于1819年兼并了佛罗里达。——译者注

② 阿拉莫之战是德克萨斯独立战争期间(1835—1836)发生在的,1836年德克萨斯州在墨西哥统治下,墨西哥最高统领对反抗暴政的人予以屠杀。为了反抗,一批英雄志愿参加战役而全数壮烈牺牲。1836年3月2日,德克萨斯人宣布成立共和国。随后,以"记住阿拉莫"(Remember the Alamo!)为口号的、以前田纳西州州长山姆·休斯敦(当年9月被选为共和国第一任总统)担任军事总指挥的共和国军队在圣哈辛托打败了墨西哥军队,德克萨斯共和国独立了。1845年,这个孤星共和国加入了美利坚合众国,成为美国第28个州。阿拉莫之战作为德克萨斯独立战争中最重要的一次战役永载史册,重要地位与象征意义堪比1941年的珍珠港事件,"被美国人认为是自由意志下勇气和牺牲精神的象征。"——译者注

③ 1898年1月缅因号战列舰由美国佛罗里达州驶往到古巴哈瓦那,2月15日下午9时40分,停在哈瓦那港的缅因号发生爆炸。爆炸威力巨大,造成266人伤亡。美国指控西班牙一手策划,美国驻西班牙公使提出要求西班牙在古巴停火和取消集中营法等条件。西班牙为了避免对美作战,于4月9日宣布休战。但美国国会发布决议:宣布古巴拥有独立权,要求西班牙从古巴撤出,授权总统使用武力,并宣告美国无意兼并古巴。4月22日,美国海军封锁古巴港口。4月24日,西班牙向美国宣战,次日,美国亦向西班牙宣战。战争在古巴和菲律宾(西班牙在亚洲的殖民地)同时展开。进行了3个月的美西战争,以西班牙人的彻底失败宣告结束。1898年12月,美国和西班牙在巴黎签订和约,西班牙承认古巴独立(实际上古巴成了美国的殖民地),并将菲律宾群岛转让给美国。——译者注

7. 诚信检查。这是根本的道德问题，它关乎决策的手段和目的，以及组织的长远名声。你在追求合法正当的目标时，击败竞争对手，愚弄媒体，与国会斗智，击败官僚敌人，等等，你是否曾用不道德的手段？目标本身是否合乎道德标准？作为对不诚实或不道德的行为的威慑，诚信检查是十分有用的。如果部属知道你会以道德标准来检查每一个决策，他们就比较可能以道德的方式来达成合乎道德的目标。

8. 执行检查。迫使你回答一个关键问题：是否有资源和支持来执行你将要做出的决策？如果没有，那么这个决策会是一个糟糕的产物，不应该做出。如果你做了几个决策而不能被执行，会被认为是一个不可靠的领导者。

如果能自我控制的领导者每月只做少量的决策，他们就有时间慎重考虑他们的战略愿景和他们的决策之间的重要的相互关系。相反，整天忙于救火的领导者，也许因为十分忙碌而获得一些心理上的安慰，但是他们所付出的代价——折损了政策的统一，削弱了领导的愿景——可能非常高昂。身为领导者应从决策的品质而不是决策的数量来获得成就感。同时，也应该训练自己不只是从决策本身，而是从决策的完整执行过程中获得满足。

十七 · 领导危机处理和变革

保持冷静和灵活性

> 中国人用两个字来形容"危机"。第一个字代表危险,第二个字代表机会。在面临危机的时候,小心其中的危险——但是也要注意到它带来的机会。
>
> ——理查德·尼克松

B先生是华盛顿郊区一所有着不同种族、不同族裔学生的高中的校长。在一次讨论会上,他分享了在近些年里他所遭遇到的各种各样的棘手问题:自杀,自杀未遂,帮派斗殴,滥用药物,师生不伦恋,强暴未遂,等等。为了应对这些发生的问题事件,他组织和训练了一个危机处理小组。他设计了一套系统,可以和附近的警察局、消防队和医院快速联系并及时获得帮助。他强调,校长和副校长们,经常在学生视线里出现,容易接触,这是何等地重要,这样,学生和老师发现潜在威胁的时候,校长就能提前获得警示。通过迅速行动,这些领导者可以避免许多危机的发生;即使危机真地发生了,也能完全掌握情况。

特别的是,他采取了一个称之为"先发制人的警告"的办法。首先,他向那些了解内情的学生放话,表示自己已经知道即将会发生什么恶劣的事情。他清楚地表明,如果这些事情真地发生了,他会严惩肇事者。此外,他还公告惩罚会是什么。如果违反校规,按章惩罚,绝不宽恕。

这种方法,在特别紧张的时刻给了他信心,也经常将一些恶劣的事件扼杀在襁褓之中。B先生用一些"走廊语言"传达信息。他绝不谩骂,而是用这些字眼,比如:"如果你这样做的话,你就完蛋了。"或"你要是真地做了的话,我就把你赶出学校。"他从不害怕展现他对学校和标准的强烈的情感承诺。因为大部分学生愿意遵守校规,服从安排,所以,他强硬的措辞会产生真正的影响力,尤其是在校园情绪紧绷的时候。他常常出现在大厅和重要的体育活动中,不仅显示他关怀学生的活动,而且间接地吓阻了可能发生的破坏或暴力行为。从校长的身上,我们可以看到,高效的领导者不只是个好的危机处理管理者,他也能够未雨绸缪防止危机发生。

我们所有的人都生活在一个充满高度压力的世界。不仅政治领导人、警察局和消防队的主管、医院急诊室的医务人员,或军队领导人,他们都不得不去处理危机情形。校长们、公益组织领导、各行各业的企业领导,都必须准备好处理形形色色的事件——从药物中毒到有毒瓦斯泄漏到飞机失事,从敌意并购企图到股市崩盘,等等。对小企业主来说,危机可能不会这样戏剧化,但是也可能对生意造成致命的影响。

危机状态下需要采取平时很少会用到的技能和领导方式,在你对事实真相了解不够的时候,在组织内部情绪不稳定的时候,在笼罩着的"战争疑云"导致更多的混乱的时候,你可能必须做出决定,采取行动。

危机领导的六个要素包括:准备、果决、灵活、创新、简单和授权。开始最重要的一步就是让合适的人去做。你要让你身边最好的顾问和最具智慧的人,基于正确的原因,帮助作出最好的决定。你对如何解决危机的建议一定要持开放态度,要让应急领导协助你处理。危机领导的特点是让事情简单化。让下属按照之前训练的那样有条不紊地去做。尽量避免让他们去做他们不熟悉的事情。

在许多严重危机,如天灾、火警、工厂爆炸和战斗交火中,领导者也许手头没有通讯渠道处理突发事件。此外,他们被隔绝在危机之外(例如领导者被挟持作人质),受伤,心脏病发作,或由于其他原因无法胜任。对危机未雨绸缪,你要找出组织中的其他领导者,训练他们在紧急情况发生时可以迅速接手处理问题。

危机处理管理者必须要有专业知识,了解组织中的人员、组织本身、使命、目标和优先顺序等。你不能按对组织及其功能的肤浅理解来行事。危机情况下,最最重要的是保持冷静和沉着。在坚守组织使命第一优先的同时,你必须注意个人的表现。尽管你带着情绪介入这些问题,你还是必须以旁观者的冷静来做选择,争取最圆满的解决办法力求如愿以偿。在某种极端情况下,这也许意味着牺牲你或其他人的事业前途、健康甚至生命来成全绝大多数人的福祉,或达成组织使命的更大效益。类似这样的情况通常发生在战时。

我们最为感动的一个战场故事发生在 1968 年的越战期间。杰克·雅各布斯,一个 22 岁的陆军中尉,在一支南越军队里作为顾问服役。雅各布斯受过精良的训练,有丰富的战斗经验,会说越

领导者的规则与工具

南语,他为接下去的战斗做了充分的准备。部队遭到了大批敌军的伏击。在战斗打响的第一分钟,一枚火箭弹在杰克的正前方爆炸,两名战友牺牲了,而杰克的头部受了伤。他脸上多处骨折,一只眼睛受伤严重,不能视物。然而,在接下去的5个小时里,雅各布斯把很多受了伤的战友从战场上拖了下来。每一个伤员都被拉到了救助站,在那里伤员可以得到医疗救助。雅各布斯讲述了在看到那么多严重受伤的战友需要救助时候的心路历程。希伯来学者希勒尔的一句话一直在杰克的脑子里闪现:"如果不是我来做,那么,还会有谁?如果不是现在需要我,那么,会是什么时候?"

雅各布斯立即意识到,因为所有战友非死即伤,他必须采取行动。敌人正在有条不紊地扫荡战场,射杀他受伤的战友,他不能等到营救部队来帮助他。他意识到必须行动,而且要立刻行动。在接下去的5个小时里,他救了13位受伤战友的命。他获得了荣誉勋章,表彰他杰出的英雄主义行为。战场和危机领导要求的是对于人民利益的承诺,你也许处于极度危险中,几乎没有帮助或根本没有帮助。

战时领导和危机领导是很类似的——尽管后者未必总是危及人们的生命。两者都同样充满紧张,都同样需要灵活和创新,都同样需要专注于最基本的事务并将其简化。在作战时所需要的激励式领导在非战时危机中也可以使用,确保人人都能和睦共事。作战时,士兵们都相信他们会成功。他们信任并服从他们的领导者,认为自己刀枪不入,会战败的是敌人。不论身处何种危机,介入危机的人对于即将发生的结果都应该有同样的信心。这样的信心从领导者那里来,领导者要受过良好的训练且以务实的态度来处理;你不能为以往的程序、教条和政策所束缚,因为它们不适用于现今快速变迁的情形。

危机通常给一个组织的水平和垂直整合提出了一个非常严峻的挑战。在领导良好的组织,同级同事平时很好地共事(横向整合),中级主管及其下属之间建立和谐的关系(纵向整合),这样的组织在危机中会表现良好。

事实上,这类组织会因为危机而变得更加强大,因为很多人能从危机的中吸取教训,并以他们在压力下表现良好为荣。例如,泰诺药品的中毒事件①实际上就让强生公司变成更为强大的公司。公司迅速而成熟地处理了这次危机,大量回收商店货架上的泰诺药品。领导者保持平静、镇定,对批评没有过激反应。在公司为其药品研发出更好的防破坏装置之后,强生公司的公众形象反而得到了提升。

危机管理准备过程的一部分,是建立和训练一个"机会小组"。这个小组不应该参与危机的每时每刻的实际处理。小组应该非常熟悉情况,能以旁观者的身份,来分析机会和建议采取行动。因为领导者忙于处理危机,通常没有时间产生灵感,去考虑在这种非常规情况下能够成就些什么。一小群不同专业的创新者所组成的小组,也许是公司长期规划小组——可以提供"我们为何不试试这个?"或"你们是否想到过这个办法?"之类的建议。因此,组织可以

---

① 1982年9月29日至30日,在美国芝加哥地区发生了有人服用含氰化物的强生公司生产的"泰莱诺尔"药而中毒身亡的严重事故。最初,仅有3人因服用该药物中毒身亡,但是随着信息的扩散,据称全美各地已有250人因服用该药物而得病或身亡,这些消息的传播引起全美约1亿多服用"泰诺"胶囊的消费者的极大恐慌,公司形象一落千丈、名誉扫地,医院、药店纷纷把它扫地出门。民意测验表明,94%的服药者表示今后不再服用此药。面对新闻界的群起围攻和别有用心者的大肆渲染,"泰莱诺尔"药物中毒事件一下子成了全国性的事件,强生公司面临一场生存亡的巨大危机。泰莱诺尔危机案例极好地反映了企业文化与危机管理的终极联系。——译者注

将危机——也就是挑战和独特的事件——转变为了机会。

约翰·F.肯尼迪总统①对1961年柏林危机②的反应,就是一个领导人利用危机的非常好的例子。肯尼迪把那次危机当作一次机会,扩建了传统军事力量,动员预备役部队,并在欧洲部署军队以作威慑。他有一个"机会计划"并付诸实施。

富兰克林·罗斯福总统也利用1930年代末期到1940年代初期的各色世界危机,帮助美国做好应战准备。他启动的"和平时期兵役法"、"租借法案"和"驱逐舰交易"就是三个例子。第一项启动通过对百万计的部队进行军事训练,帮助国家做好了参战准备;后两项则在英国极度需要军事装备来对付德国的威胁时,提供了及时和必要的帮助。在帮助英国的同时,甚至在1941年12月正式参战之前,美国逐步建立发展了国防工业。

我们都从重大的历史危机中汲取了很多的教训。关于2001年9月11日恐怖袭击美国的即时后果,佩里给三个国家新闻媒

---

① 约翰·F.肯尼迪(John F.Kennedy,1917年5月29日—1963年11月22日),美国第35任总统,美国著名的肯尼迪家族成员,他的执政时间从1961年1月20日开始,到1963年11月22日在达拉斯遇刺身亡为止。1942年曾是一名海军中尉,1946—1960年期间先后任众议员和参议员;1960年43岁时当选为美国总统,为美国第二年轻的当选总统,也是美国历史上迄今唯一信奉罗马天主教和唯一获得普利策奖的总统,美国历史上支持率最高的总统之一。1940年6月他以优异的成绩从哈佛大学毕业,并获得了国际关系荣誉学位;1940年9月—12月,肯尼迪到斯坦福大学商学院学习。——译者注

② 又称第三次柏林危机。1961年6月3日—4日,美国总统肯尼迪与苏联领导人赫鲁晓夫双方在维也纳举行两天会谈,讨论焦点集中于柏林问题。赫鲁晓夫旧事重提,要求英美法撤出西柏林,否则西方国家进入西柏林都需先征得东德同意;肯尼迪断然拒绝。1961年7月初,苏联宣布暂停复员,并将军费增加1/3;肯尼迪作出强硬反应,因为他认为西柏林是抗苏焦点,绝不容重演绥靖政策,肯尼迪要求国会增加32.5亿美元的国防预算,征召部分后备役人员及国民警卫队入伍,扩大民防及修筑防空措施,顿时美苏关系再次紧张起来。——译者注

体——哥伦比亚广播公司广播新闻、全国公共广播电台①,以及美国黄金时间提供了解说。他提醒这些广播的听众:珍珠港事件的教训及其后果适用于2001年这次重大危机。在珍珠港袭击事件之后,美国和盟国紧密合作,运作了一个大战略,辨识和瞄准每个敌人的"重心",制定了无条件投降的政策,确立了一个创建的目标——战后,在日本、德国和意大利实行行之有效的民主制度。用另一句话来说,通过疏导我们的愤慨,美国,在盟友的强大支持下,能够赢得战争;更重要的是,赢得和平。2001年,美国和诸多盟国共同努力创建了一个反恐战略,击毙了很多基地组织的高级领导者,包括奥萨马·本·拉登。本·拉登是一个成功的战术家,但是他犯了一个很大的战略性错误——他用追求恐怖的方式促成了世界各国联盟,共同致力于消灭恐怖主义。

在一场危机解除之后,进行一次"趁热打铁"——这是整个北约联盟通用的一个很好的形容词——的检讨是很有用的。军事用语叫"事后评估"。殊途同归。领导者要将所有介入危机处理的关键人物集中到一起,分析发生了什么,什么做对了,什么做错了,是否需要改进,从中能得到什么教训,我们怎么决策应该做什么以减少重复犯错误的可能。另外,要提交一份报告,报告中要包含所有讨论中提到的认知点或领域,以供将来更好地处理危机之用。

在考虑危机处理领导时,有一点要注意。有些领导者在危机环境中获得个人的成功。因此,如果没有危机存在,他们会自己制

---

① 全国公共广播电台(National Public Radio,简称 NPR),是一家获公众赞助及部分政府资助但独立运作的非商业性美国媒体,成立于1970年2月24日,开播于1971年4月。节目以新闻、综述、采访为主,也有一些音乐、脱口秀等文化、娱乐节目。听众数目据估计约有两千万人。——译者注

造一个危机。这可能会提高那些士气低沉的员工的注意力，让他们努力工作。但是，"制造危机"是非常有害的，往往适得其反。它们会导致部分员工的嘲讽和不满。员工会翻着白眼看着天花板，悄悄地说"又来了。"

如果你注意到这一点，作为一名领导者，你把时间花在奔波于从一个危机到另一个危机上，你就要问问自己，"有多少危机是由组织内部起源的？"谁知道呢——也许是下属制造出的危机，只为让你疲于奔命或怡然自得。或是你自己鼓励了危机的发生，鞭策部属。两者都是不良趋势，应该避免。

最后，在你和员工的年度一对一面谈中，确定请他们参加处理可能的危机。当他们意识在一个危机发生的时候，他们如果迅速让你知晓，你就可以与他们一起防止危机的发生。如果这不可行，至少，你要使危机处理团队和机遇发现团队开始起作用，实现把即将到来的危机转化为机遇的目的。

危机领导清单

最好的领导者预见到危机，并且阻止其中的大部分发生。然而，有些危机无法预见，有些无法阻止。领导组织顺利地挺过危机，通常非常具有挑战性。但是它也能够提高你和部属的战斗力和经验值。

以下的准则可能对你有所帮助：

- ☐ 有一个移交计划，把你从常规工作转移到危机管理。
- ☐ 迅速建立一个工作班次模式——例如，规定 12 小时换班一次。
- ☐ 迅速且负责任地作出决定。
- ☐ 保持每一件事情简单化，不要给出复杂的指令。
- ☐ 灵活多变。
- ☐ 不要要求精确或完美。
- ☐ 预料事情可能会很糟糕，但不要对什么时候发生过度忧虑。
- ☐ 把注意力集中在之后的几天，尽量避免分分秒秒都在处理危机。
- ☐ 组织你自己的"机遇团队"。
- ☐ 一天至少和这个团队开一次会来获取灵感。
- ☐ 考虑在正常情况下无法采取的行动。

- ☐ 适时休息,加班和 18 小时 1 天的工作将会减弱你的表现和客观性。
- ☐ 接近行动核心。
- ☐ 设定优先原则。
- ☐ 清晰传达优先原则给部属。
- ☐ 遵循优先原则。
- ☐ 建立一个公共事务战略。
- ☐ 和律师及公共事务专家保持紧密联系。
- ☐ 如果有对手:
  - ☐ 比他们聪明。
  - ☐ 在他们决策周期内行动。
- ☐ 经常对人表示感谢。
- ☐ 如果可能,保持训练。
- ☐ 保持高标准的道德和尊严,定期调整。

十八·处理低潮
失败、谣言和批评

> 不要因为失败而沮丧。失败可以提供一次正面的经验。在某种程度上,失败是通往成功的捷径,因为每次发现错误就会促使我们努力寻求正确的答案,每一次新鲜的经验都指出某些错误,这些是我们今后应该小心避免的。
>
> ——约翰·济慈
>
> 厚颜是来自上帝的礼物。
>
> ——康拉德·阿登纳[①]

---

① 康拉德·阿登纳(Konrad Adenauer,1876—1967),联邦德国首任总理,经历了德意志帝国、魏玛共和国、第三帝国和联邦德国等四个重大历史时期。在他的领导之下,德国在政治上从一个二战战败国到重新获得主权,进而成为西方国家的一个平等伙伴;经济上医治了战争的创伤,并通过实施社会市场经济,创造了德国的"经济奇迹"。作为德国公认最杰出的总理,他在德国现代史上已深深地打上了阿登纳的印记。他的影响至今仍到处可见。为此,人们把这一时期称之为"阿登纳时代"。一些历史学家赞赏他"勤奋、刚直"的品德和求实精神,反对党领袖也承认他具备"真正领导者的素质"。西方评论家则称赞他"以他的铁肩支撑危局,使一个战败的、几乎气息奄奄的民族经受住了考验"。著有《阿登纳回忆录》。——译者注

领导者的规则与工具

当佩里被邀请去一所服务学院给 1 000 多名学生做演讲的时候,他认为他们会要求他讲领导力方面的主题,或关于他在不同电视网担任军事分析评论员的经历。然而,让他感到惊讶的是,他们选择的主题竟然是"处理失败"。他之所以被选择来做这样一个主题演讲,因为他在军旅生涯中有过 5 次重大挫折。好的领导者所必须具备的最重要的特质之一,就是能够以建设性的态度来处理挫折和失败。有过在领导者和从属者的位置上多次失败的经历,佩里认为,失败其实是一次奇妙的学习和成长经历。

接下来的段落概括了在佩里和杰夫的生命中曾经发生过的失败。他们都从他们个人的挫折中学到了很多。他们也学会了容忍自己部属的失败,因为对这样的经历他们感同身受。

佩里的一个重大失败发生于他在国防部的时候,当时他在一个关键岗位上,然而他被免职了。作为一名空军上校,他担任国防部副部长比尔·克莱门茨①的军事助理。佩里的工作就是和副部长一起参加会议和出差旅行。他记录克莱门茨先生的决策,确保他的决定被忠实而迅速地执行。当他采纳了坏的建议,或将作出日后不利于他的决策的时候,佩里也有责任私下里提醒他。

有一天,佩里接到了一位负责所有空军上校工作安排的朋友打来的电话。他告诉佩里,他刚刚收到一个新的任命,将被派到欧洲担任驻德国一个战斗机联队的维修主任。由于佩里为副部长工作才 10 个月时间(通常这个职位的任期是两年),因此他对这个突

---

① 比尔·克莱门茨(William Perry "Bill" Clements, 1917—2011), 1973—1977 年期间担任美国国防部副部长。美国国防部副部长是美国国防部排名第二的官员。依据法律规定,副部长可以代理国防部长并执行任何依法授权国防部长所受理的事务。——译者注

如其来的消息感到十分困惑。当他问这名人事军官这个突然的任命意味着什么的时候,他得到了一个非常坦白的答案:"佩里,你被开除了。"第二天早上,佩里请求副部长解释一下到底发生了什么。克莱门茨先生告诉佩里,空军希望他回去继续飞行,而他愿意让他走。这位国防部副部长比尔·克莱门茨先生,犯了两个大错误:(1) 他没有告诉佩里,是自己解雇了他;(2) 当佩里亲自问他的时候,克莱门茨撒谎。佩里从中学到的对今后生活有帮助的重要一课是:不要这样去开除一名员工。

这是佩里人生中的第一个重大挫折。给他上了关于谦逊的极好的一课。家人对他非常支持。妻子康娜对于将他从一个令人沮丧的工作中调离而感到欣慰。他的两个正值青春期的孩子,麦考伊和塞丽娜,得知他们将去欧洲生活,都非常高兴。不久,佩里就开始认真办理从国防部离职,并帮助家人打点行装,飞越大西洋去另一个地方生活。

一些朋友建议说,被开除不是那么糟糕的消息。空军中的高级领导层并不认可副部长的工作,有些高级领导甚至认为被开除对佩里来说是一件好事而不是坏事。在他被开除之后的两年,佩里得到了空军中最好的一份工作,成为欧洲唯一的F-15空军联队的指挥官。不过,哎呀,这项任命几乎又导致了另一个失败。所以,有了下一个故事……

那时,佩里手下有4 000名下属。空军联队的使命非常重要——保护西欧不受到空袭。在那个时代,军事威胁主要来自于苏联和东欧的华沙条约组织国家。这些国家所拥有的战斗机数量远远比北约组织国家多得多,所以佩里的工作特别具有挑战性。作为一名有80架F-15战斗机的空军联队指挥官,佩里负责实战训练,为这种优秀的新型战斗机设计战术,并确保飞行任务能够既专业又安全地完成。

在9个月的时间里,5架全新的F-15战斗机坠毁。在那个时候,每一架战斗机耗资大约2 000万美元。问题集中在两个方面:F-100引擎和飞机的供油系统。在第5架飞机坠毁后的两周之后,佩里非常吃惊地获悉,空军将他从上校提升为准将。通常,一位空军联队的指挥官如果搞掉2架以上的战斗机,就会被免职;而佩里已经搞掉了5架飞机。

大约在这个提拔消息被宣布一个月之后,佩里问美国空军的欧洲总指挥,他怎么可能会被提拔?佩里得到的答案让人难以置信。

将军回答说:"因为你能妥善地处理失败。"

将军告诉他,欧洲的每个空军联队指挥官都遭受了这样或那样的失败。比如,有一位指挥官的基地有严重的毒品问题,另一位没有通过北约的一次重要检查,第三位在基地中有严重的种族歧视问题,第四位的地面安全记录很糟糕。将军解释说,当这些领导者面对失败的时候,他对他们的人格和能力的了解,远多于当他们处于成功的时候。

这里还有一个佩里失败的经历。在这个故事里,佩里不担任任何领导职务。他是CNN的军事分析评论员,已经在这个位子上干了7年之久。1998年,CNN制作了一档专题节目叫"死亡之谷"。这个专题作为1个小时长的节目的一部分,安排在6月的某个周日晚上播出。"死亡之谷"控诉美国空军在越南战争期间,于1970年9月在老挝的一场秘密战斗中使用致命的神经毒气。在这个专题计划播出的前5天,佩里知道了这个事情。他试图阻止这个专题的播出,因为他完全确信这种事情从来没有发生过。遗憾的是,佩里没有尽到全力,专题播出了,CNN 陷入了大麻烦。

佩里知道投放的是催泪瓦斯而不是神经毒气,他曾经试图让 CNN 迅速撤回,但是他失败了。当 CNN 明摆着要在接下来的周日继续这个故事的时候,佩里辞职以示抗议。他告诉 CNN 的 CEO,他不能违反自己的道德准则,他永远都不会再为 CNN 工作了。越战的退伍军人抗议 CNN 的呼声非常之大,而且连绵不绝。10 天之内,CNN 的 CEO 找来一个外部团队调查此事。调查后发现,对 CNN 节目中播出的指控无一可以确认。几周后,CNN 做了一个直播的收回,开除了那个专题的两个制片人。但是,伤害已然造成,很多观众永久地拒绝收看 CNN 的节目了。CNN 的排名一路下滑,几个月之内,他们解雇了 400 多名员工。这是一起一等一的机构性失败,但是佩里觉得他应该对此负有部分责任——如果佩里能够开车从奥古斯塔去亚特兰大,要求专题片在播出之前必须给他审核,更积极地坚决要求不要播出这个专题,那么,这个失误或许可以避免。当下属眼看着自己的组织在犯一个严重错误的时候,必须非常积极主动地去努力阻止一个十足糟糕的决策的实施。

从这个塌方式的失败中,我们能够从中汲取的领导力教训是明显的。CNN 在防止道德失当误方面没有任何防护措施。当这个事件发生的时候,整个 CNN 电视网络没有领导力培训,没有道德培训,没有巡视官或总督察。虽然它制作了一档关于军事的专题,但是在专题制作的 9 个月时间里,没有和它的军事专家联系。1998 年,CNN 是全美电视网络收视排名的第一名。到了 21 世纪的第二个十年里,它已经滑落到了第四名。

杰夫在他早期的职业生涯中,处理过一个被高度美化的士官,一个越战退伍军人,是个技术天才。此人也是个酒鬼,长期处于负债累累的状态。他涉嫌虐待士兵，实际上没有任何有效的领导力技巧。尽管经过了3个月的集中教练来促使他改变，但是士官还是无法扭转人生。他失去了所有下属的尊重。最终，他被行政开除，驱逐出了军队——这不免让人唏嘘，毕竟他已经在军队服役了14年之久。

杰夫从这段经历中学到了很多。整个组织都在拭目以待杰夫和领导们怎么处理这种局面。这个决定作出之后，大家都表示怜悯并希望再商榷。但是，这个行动的目的是为了在一个组织单元里，坚持良好的秩序和纪律。只要这个士官还是组织的一员，一支有效的队伍就将无法建立起来。

作为一名部队的上尉，要向一名来访的高级别官员就组织正在面临的关键问题做一个简要汇报，杰夫没有准备。他完全没有弄清楚这位到访的高官的背景和对情况的了解。在他开始做汇报不久，他被这位高官问道："你什么时候打算告诉我一点我不了解的情况？"杰夫无法回答并被赶出了会议室。这对他及组织来说，都是一个大写的尴尬。

杰夫从中学到的是：他没有针对目标受众做充分的准备。同时，他也学到了，当上司拥抱了他，包容了他的错误，告诉他他将因为这些经验而成为更好的军官的时候，他感到何等地宽慰。领导因为失败而受到了指责……虽然杰夫认识到真正犯错误的是他。

从更广泛的意义来说，杰夫知道他有时候会为自大和自负而感到内疚。这对他倾听的能力和意愿造成了伤害。他经常不情愿去考虑另一种方法或接受别人对决策的批评。在有些情况下，好的想法——潜在的伟大的想法——都没有被放上台面来进行讨论。

因为杰夫和佩里都在很多事情上尝到过失败的滋味，他们都倾向在他们的下属或同事失败的时候,给予大的包容。历史早就证明:好的领导者能将失败转化为建设性的经验。很多人在成为卓越的领导者之前,都经受了一次又一次的挫折。亚伯拉罕·林肯、哈利·杜鲁门和温斯顿·丘吉尔等,都从他们无数的失败中习得了经验,并从这些经历中变得更加强大和成熟。在每一次的失败或挫折之后,都要问自己两个问题:"(1) 我从这次失败中学到了什么?""(2) 我可以如何避免再犯这样的错误?"

除了面对失败和恐吓之外,领导者必须注意其他令人不快的事情——处理厄运、流言和批评。对于发生在组织内部的不幸事件,领导者有责任确保良好的沟通和反馈渠道。这些渠道应该比处理正常的和使人高兴的事件的渠道更为通畅。领导者不仅要主动去找出坏消息,而且还要知道在组织内部有不同层次的人企图掩盖这些坏消息。如果领导者不查,那么他们所了解到的坏消息大概只是组织内部真正存在的坏消息的一小部分而已。

不管你如何地小心观察、留意和了解情况,违法和不道德或不幸的事件还是会不断发生,可能还不会有人向你报告。性骚扰,种族歧视,小窃案,滥用药物和酗酒,等等,在有些组织内部司空见惯。你必须确定有一定的程序和制度上的支援(稽查人员、健保人员、律师和危机处理小组等),用来辨识问题,并尽可能快地解决问题。

你要和直接为你工作的律师保持定期的联系,你要鼓励这些律师毫无保留地表达他们的看法。对于被指控的人,究竟应该给予劝导、行政处分或免职等这类事情,决定必须定期做出。当某些人从事一些对组织整体有好处但可能违法或不道德的事情的时候,律师从法律角度提出的建议很有帮助。例如,根据美国有些州或联邦法律,或海外地区根据当地法律或驻军地位协定,禁止以宾果游戏、抽奖或赌球等方式进行募款活动。

　　律师有高度的诚信标准,充满活力,了解情况,并且相信在个人权益和他们对组织的义务之间应该维持一种适度的平衡,所以,应把律师作为重要的顾问,仔细倾听律师的建议。你也许想否决律师的建议——但是这只能在经过仔细分析后偶尔为之,一个有着深厚法律训练和经验的人,对思考模式和决策过程大有裨益。

　　有些领导者一听到关于谣言、散布谣言者和造谣工厂的话题,就唉声叹气。然而,谣言在大型组织里能够很有用处,而且有多种用途。如果你常常接触造谣工厂,你会从中学习到很多东西。许多谣言是事实,或至少是有点事实依据的。有些谣言为你点出组织可能出现的问题。有些谣言是错误的,有些谣言则可能是危险的。但是即便如此,谣言至少还能起到一点好的作用,因为它们能够警醒你注意到某些需要马上关注的领域。常常,你要用决策或事实(或两者并举)来迅速地消灭恶劣的谣言,以免造成更大的伤害。可能有些时候,当丑陋的东西——意识到的或事实上的——散布于众的时候,你会觉得这是在触动神经,诱惑你陷入其中。拒绝一头扎进猪圈的诱惑——因为这会使所有的人惹上一身臊。去征求合适的建议,维持高尚的道德水准,表现专业,去做对的事情。

　　即将发生的人事变动通常会引发谣言并在组织中弥漫：X要被免职了；Y可望接任那个空缺的副总裁位置；Z要成为下一个大老板了。不幸的是,这些谣言有时候会对当事人产生不必要的伤害、忧虑和失望。然而,阻止谣言的传播扩散是不可能的。不过,领导者可以通过保持果断、务实和最重要的——诚实,来减少人事方面谣言的负面影响。对人事变动拖延不决,或听任繁琐冗长的人事筛选和升迁系统发挥作用,领导者如果放任不必要的时间耽搁,就会助长谣言的滋生。

领导者有时候会忘了,正是他们的优柔寡断或拖延拖沓,他们要为某个受到伤害的人负责。特别是在当某人要升迁的消息到处流传,但是最后这个谣言并没有成真。在这方面,对员工和下级主管所能采用的一种办法就是告诉他们:"我们都知道今年夏天会有许多重要的人事变动。从现在起到大老板做出决定之前,我们没有办法阻止谣言的散布。如果你们什么事都不知道而想猜猜看的话,客随主便,尽管去猜吧。然而,如果你们已经知道一些内幕消息的话,敬请千万不要透露给别人。如果大老板改变主意的话,有些人就会非常失望。"

那些走上高级领导岗位,但在职业生涯中从来没有经历过严重挫败的领导者,通常没有足够的能力来面对挫折和严厉的批评。因此,当你在挑选领导者的时候,你可以去了解他们的背景,看看他们是否曾经遭遇挫败;如果有的话,了解一下他们是如何处理失败的。

当组织遭受重大挫败的时候,领导要迅速地接受所有的责难。如果因为没有周详的计划,领导无方,组织不当,或没有预料到潜在问题,等等,而使组织遭受挫败,这就是领导者的错。有些人总是喜欢找一些借口,将问题归咎于下属、命运、设备不佳、缺乏明确指示,或任务太重,等等。领导者要避免这么做。引用已故的伟大的阿拉巴马大学足球教练贝尔·布莱恩特[①]说过的话:"我只说三

---

① 贝尔·布莱恩特(Paul William "Bear" Bryant,1913 年 9 月 11 日—1983 年 1 月 26 日),美国 1960 年代最具盛名的大学足球队主教练,美国大学足球界一代宗师,阿拉巴马大学足球队主教练,绰号"熊先生"。在他担任阿拉巴马州主教练的 25 年任期内,获得了 6 次全国冠军和 13 次锦标赛冠军,创下美国大学校队史上夺冠最多的纪录。——译者注

件事。如果什么事情搞砸了,那就是我做的;如果什么事情一半是好的,那就是我们做的;如果什么事情都做得非常出色,那就是你做的——这就是赢球的秘诀。"

  害怕失败是领导者面临压力的主要原因之一,但是你应该勇敢地面对偶尔的挫折。失败常常表明组织在尝试新的方法,设立新的伟大目标,或积极创新。作为一名领导者,你要识别把其中一些挫败定位成"带给我们经验教训的壮烈的失败",以及弄清楚哪些失败在日后能够转化为巨大的成功。这样的办法可以让人从失败中重新振作起来。认识到失败的价值,赞许员工所采取的主动态度,你可以鼓励他们努力挑战自我,争取更大的成就。这是比尔·盖茨和史蒂夫·巴尔默在微软所采用的一种非常成功的方法。通过鼓励下属不要害怕失败,他们在思想上解放了一群非常有创意的员工,让他们能够摆脱思维束缚,大胆行动。

  职位越高的人,所要接受的检验越严格。领导者注定被——组织内部的同事、老板和员工、竞争对手以及媒体——批评——无论公平,还是不公平。面对批评,脸皮太薄的领导者,或忙于为自己辩护甚至变得有点偏激的领导者,对他们的组织都没有好处。身为领导者,重要的一点是,你要观察部属,他们是否能够接受批评,他们是否愿意为组织的失败负起责任。那些喜欢为自己辩护、忙于归咎于他人的人,是不大可能成为成功的领导者。如果能及早承认错误,领导者通常能够采取正确的修正措施,让组织回归更好的表现,出现更高的士气。

十九·处理媒体关系
建立重要的伙伴关系

> 我觉得三份报纸的力量要远胜十万利剑。
> ——拿破仑·波拿巴

对领导者来说,要公平公正而又不卑不亢地面对媒体,是一个很大的挑战。但是,如果你是那些立下政策,逃避和媒体打交道的领导者中的一位,那么,你就会错过从一个自由积极的媒体所提供的严酷的考验中学习和成长的机会。更重要的是,媒体提供了一个沟通的渠道,由此,你可以为组织和员工争取恰如其分的认可。

大部分中型到大型的公司和组织,都有战略沟通部门或公共关系办公室,定期处理与媒体的事宜,以及与其他外部利益团体的关系。高效能的办公室能够制定出服务于组织利益的战略沟通计划。这些办公室跟踪媒体对组织的评论(包括其他对组织感兴趣或感到忧虑的话题),发布新闻稿,召开新闻发布会。他们一般会采取积极主动的行动,通过媒体推进公众的参与。在和不同层级的领导共事的过程中,他们制定计划和政策来处理各种各样的事件，确保上下内外信息发布的一致性。根据情况，沟通部门会按照你的时间表或等收到反馈后，主动发布信息。

根据组织的规模和结构透明度，媒体关系的运作有以下几种方式：公共关系部门，指定的发言人，或由你自己掌控。

做好准备

在和你自己的沟通专家一起共事的时候，你要为组织如何与媒体打交道制定基本的准则。大部分成熟的组织都已经制定了政策，从你和公司的媒体关系部门就能看出，你希望公司是怎样的形象。你要深刻理解你及组织在媒体眼中的形象，因为你会根据这个判断要么去延续一种正面的声誉，要么去挽回一种负面的影响。

无论如何，作为领导者的角色你所要尽早采取的最重要的行动之一，就是和社区中关键的媒体建立起信任关系。这意味着辨识可靠的资源并去认识他们——没有什么安排比这种互相认识更重要了。这种关系在真地有事——不管是好事还是坏事——发生，引起媒体关注的时候——就会发挥作用了。

你要尽最大可能地把握每一次和媒体打交道的机会；在每一次采访之前，都要制定采访的提纲。你要制定好议程，回答采访者的问题，积极清晰地响应这个议程。

采访是否记录在案？在媒体发布新闻之前，你有没有机会先看看新闻稿或录影带内容？如果不行，为什么不行？通常在正式开始采访之前，先与记者做非正式的沟通是很有必要的，你可以了解这名记者是否存在一些先入为主的偏见或误解。如果有的话，你可以在访问开始前试着更正他的看法。如果你无法改变他的看法,你在访问时的谈话就要特别地小心谨慎了。当媒体采访按他们设定的方式进行,那么你所要正视的问题,就是要尽可能地将损害降低到最小。当媒体人员明显地对你存有偏见,你有义务提醒上司和高层公关人员,让他们知道,尽管你已经尽了最大的努力,一篇批判性的文章或节目将不可避免地会在媒体上出现。

如果记者愿意在新闻发表之前先把稿子给你过目,你就有机会更正错误或澄清一些不正确的观点,或者就一些重要的观点做进一步的说明。如果你与媒体平时有相互信任、相互尊重的互动关系,很多负责任的记者愿意让你提供协助。与媒体直接、定期地沟通交流,提供机会让他们亲眼目睹组织的运作方式,让他们有机会看到平时看不到的事情或接触到平时接触不到的人,等等,这些都是值得采取的方式。这些方式有助于你和一些新闻界人士建立积极正面的关系,并打破经常横亘在在组织和媒体之间的天然的隔阂。

通常,当媒体代表采访领导者时,他们未必懂得问最适当的问题。如果你与正在采访你的记者关系良好,那么你就可以将话题引上正轨。比方说,如果记者问了一个与主题不是很有关联的问题,你可以先回答那个问题,然后说,"那是个好问题,不过我认为关于这方面还有一个更好的问题。"然后,你就再自问自答那个问题。这样一来,你就可以把媒体引到你的主题上,使他能够很快抓住你的重点。这样,采访的效率就大大地提升了。媒体记者经常同时兼顾多项议题,以致于他们确实不知道应该如何正确发问。你可以从中帮他们提出最恰到好处的问题。这种方法能让你掌控采访节奏,有助于你讲你想讲的故事。

领导者在访问中要考虑自己的受众是谁,并从他们关注的角度讨论正在进行的议题。回答问题要直接,避免使用可能不易理解的行话或术语。"我不知道"可能也是一个好的回答,因为这是一个诚实的答案。受众会因为你承认自己在某些问题上并不是专家而更为尊重你。坦诚你不知道问题的答案,你就能快速地进入到下一个问题。如果你想掩饰自己的无知而随意猜测的话,那么下一个相同主题的问题就会摧毁你的权威性。

媒体工作者总是在寻求突出的新闻看点:一个有趣的引子可以带出整个故事。如果领导者了解新闻媒体的需求,就会向他们的部属寻求好主意,设法以有新闻价值的问题吸引记者的注意力。这种吸引记者的招数,亦可用在部属身上。领导者可以利用即将到来的记者会激励部属,让他们提出有益于组织的行动计划。肯尼迪总统就是一个善用记者会的高手,他利用两周一次的记者会加快决策的进程,快速地掌握了记者所提到的特别重要和大众关注的问题,作为决策的参考。

有些大型组织对领导者提供媒体培训计划,在一个高度模拟的环境中,学习怎么面对不同媒体的挑战。在这种培训中,一些练习课程要录影,如:一对一采访,普通的新闻发布会,座谈型的记者会,非面对面的采访,以及附带提问的演讲,等等。参加的领导者的讲话方式、肢体语言、幽默感和说话的声音等都要点评。为了进行这样的培训,很多组织都雇用了媒体关系专家。你不仅自己要亲自参加这样的培训,也要鼓励那些想要升迁的员工去参加。这样的培训会花上半天的时间。虽然有些人认为美国已经演变成了一个庞大的敌对文化,媒体对制度和机制进行批判已经是家常便饭,即便如此,成熟的领导者还是可以想办法和新闻媒体建立良性的互动关系。大型组织的领导者不能躲避媒体。领导者要经常和公共关系负责人会面,寻求他们的指导、批评和支持。

最后,也是最重要的,领导者必须诚实地问自己:是否能够坚定地拥护新闻自由和一个强大的宪法第一修正法案[①]?有些领导者喜欢躲躲闪闪藏藏,觉得媒体是社会中一个不负责任的存在,或无法坦然地和媒体打交道,这样的人不太可能会被媒体公正地对待,时有批判或有偏见的文章出现。在社会各个领域的组织的领导者都必须认识到,自己会受到媒体关注,要始终带着这样的警醒,安排自己的私人生活和职场生活。

[①] 宪法第一修正案,美国新闻自由的法律根源是美国宪法第一修正案:"国会不得制定关于下列事项的法律:确立国教或禁止信教自由;剥夺言论自由或出版自由;或剥夺人民和平集会和向政府请愿伸冤的权利。"前十条修正案于 1789 年 9 月 25 日提出,1791 年 12 月 15 日批准,被称为"权利法案"。其中关于新闻言论自由的这一条被列为第一修正案,很多人可能会认为这是因为那个年代美国的民众和政治家们把它当作是最重要的一项民权法案。这个"自由第一"的看法可算是关于美国新闻界的第一个神话。——译者注

领导者的规则与工具

新闻发布会和媒体采访清单

近年来，随着新闻媒体的爆炸式发展，不仅仅是政府首脑、外国高官、参议员、政府官员、市长、将军，还有各种大大小小公司的CEO，都要时不时地和媒体记者打交道。各层级的领导者都要时刻准备着互动，经常是临时通知与媒体人员打交道。这个检查清单，可能对你准备下一次采访或新闻发布会，有所裨益：

- ☐ 我是不是面对媒体的最佳人选？如果不是，谁是最适合、最可信任的发言人？
- ☐ 这次采访或新闻发布会的根据是什么？我希望什么样的议程？
- ☐ 媒体方的代表是谁？他们的背景、偏见是什么？有没有维护公正的良好声誉？
- ☐ 对我、上司和组织来说，哪些话题是最敏感的？我可能会遇到关于我和这类问题的最刁钻的问题是什么？我准备好如何回答了吗？如果没有，我应该怎样在采访中转移话题？
- ☐ 我是否写过声明给媒体？我有没有仔细研读这个声明，确保它符合政策并令我感到放心？
- ☐ 采访是否会被记录在案？
- ☐ 一场新闻发布会什么时候会按部就班？采取何种方式？

持续多久？有没有开放式问答环节？以何种方式终结？
- □ 采访或新闻发布会会不会被转播？是直播还是录播？
- □ 我是否能提前看到采访稿的副本或剪辑过的录影带？
- □ 组织的新闻发言人犯了什么样的错误需要我去修正？
- □ 如果我遇到有敌意的对话，我怎么样才能减少敌意？
- □ 不管媒体从我这里想了解什么，我想从媒体那里了解到的最重要的三大信息是什么？

二十 · 领导非盈利组织
独一无二的机遇和挑战

> 你们中真正感到快乐的,是那些一直在探寻并找到怎么为他人奉献的人。
>
> ——海伦·凯勒

托克维尔①,一位在两百年前游历过美国的法国哲学家,发现在美国无论城镇还是乡村,都有一种特别重要的特质。就是在地方层面,美国人有强烈的意愿,成立组织为公众利益服务。他认为

---

① 托克维尔(Tocqueville,1805—1859),法国政治思想家、历史学家、社会学家和哲学家。出身于贵族世家,一生经历过五个"朝代"(法兰西第一帝国、波旁复辟王朝、七月王朝、法兰西第二共和国、法兰西第二帝国)。1838年出任众议院议员,1848年二月革命后参与制订第二共和国宪法,1849年出任立宪大会副主席和外交部长。1851年路易·波拿巴建立第二帝国,托克维尔因反对他称帝而被捕,获释后对政治日益失望,从政治舞台上逐渐淡出,并逐渐认识到自己"擅长思想胜于行动",因而主要从事历史研究,直至1859年病逝。

托克维尔的成名作是1835年问世的《论美国的民主》第一卷,第二卷出版于1840年,次年他荣膺法兰西学院院士。此后15年他没有发表什么重要著作,只在从政之余思索新著的主题。在1956年出版《旧制度与大革命》后,托克维尔计划续写第二卷,然而1959年因病去世未能完成。——译者注

第三部分　领导组织

　　这是一种值得赞赏的特质,非常有助于民主政治在新的共和政体中运作。让人高兴的是,时至今日,美国人民的这种文化和性格特征依然闪闪发光引人瞩目。①

　　没有一个地方比非盈利组织更能让组织学到如何超越自己的小天地去惠及他人。领导一个非盈利组织意味着很多方面的挑战,不同于在寻常的组织、政府机构和军队里面所遇到的。从资金来源到一个常常是庞大的志愿者团体,非盈利组织不仅需要你有组织领导经验,而且要求你调动人们的其他天分来进行管理。

　　除了一些非常大型的非盈利组织(比如大的基金会或超级教会),大部分在非盈利组织(博物馆、教堂、寺庙、公民俱乐部、基金会、退伍军人团体、男女童子军、流动厨房和艺术团体等等)工作的都是志愿者。

　　多数情况下,这些志愿者是做兼职的,没有补偿。他们经常还要自掏腰包,给所服务的团体以财务支持。美国文化中最伟大、最持久的力量之一,就是她的市民有高度的意愿尽自己的市民责任,并为自己坚持的事业奉献他们的时间、智慧和金钱。

　　我们来假设一下,你是一家非盈利组织的董事会主席或委员会主席。和你一起工作的那些有公益心的人在许多方面都是非常值得赞赏的。你要不断地感谢他们。同样,你要时刻提醒你自己,你所谓的在他们之上的权力级别和权威性是极为有限的。毕竟,他们都是无偿服务的志愿者。

---

　　① 美国前总统里根在演讲中说:"……最后,当探索美国何以如此伟大和富有创造力的秘密时,Alexis de Tocqueville(托克维尔,《论美国的民主》的作者),这位对于美国民主最为敏锐的观察家,雄辩地指出:当到我走进美国的教堂,听到那闪耀着公义之火的布道时,我才真正明白了美国何以如此伟大和天赋非凡。美国人讲道义,而一旦美国不再讲道义,她也将不再伟大。"

如果他们没有全心投入工作,你不能威胁减少报酬来督促他们改进。你不能要求他们投入额外的时间去完成某项任务。如果他们错过了会议,开会迟到,或未能履行他们的承诺,你用来约束他们的手段非常有限。因此,你在激励和谈判方面的技巧就显得尤为重要。

有一种方法可以减少志愿者工作中出现的困难,就是招聘董事会和委员会的成员时要非常地小心谨慎,要寻找那些能自我激励、精力充沛、在社区内有良好沟通的人。还有一种方法有助于强化对有这种行为导向的人的需要,就是给那些重要候选人一封手写邀请函,邀请他们成为董事会或委员会的成员,充分描述这个职位需要承担的义务。有些组织甚至做得更进一步,他们让受邀请者签下意向书或承诺书,承诺贡献一些特定的资源(比如时间或金钱)。当你有目的地挑选董事会或委员会成员,令人惊讶的事情发生了——一个良性循环诞生了。招募新成员变得越来越容易。董事会和委员会的候选人会非常乐意加入这样一个团队——它的成员都是有着干实事的良好声誉的杰出市民。总而言之,董事会越强大,它就会变得越强大。

董事会成员如果消极怠工、缺乏能力,甚至具有破坏性,那么就必须把他从董事会清理出去。其他董事会成员会乐于看到这种不作为的人离开,但是他们会希望你让这种人离开的方式还是能够给予他们足够的尊严。至少,在他们离开的时候,给一封感谢信之类。

在很多非盈利组织的委员会和董事会中,有一个共同的特点,就是不愿意做一些艰难的决定。特别是要对一件事情的两个方向进行投票表决的时候。因此,董事会和委员会的成员数目最好是一个奇数。一个9名成员的委员会就好过8人或10人。委员会成员的奇数存在,确保了当需要投票表决的时候,不会无功而返。最好的例子就是美国最高法院,那里有9名法官。

募捐是非盈利组织的工作的一个重要方面。如果你在领导岗位,你难免要通过募捐去获得资金的支持。作为领导,最好的办法就是积极主动。首先,你自己要设立一个财政委员会;第二,招募一个募捐委员会,特别是那慷慨的、有优越社会关系的、受人尊敬的人(有销售和市场天赋的人最好);第三,设定募捐目标;第四,设定募捐结束的最后时间;第五,在募捐正式开始之前,获得一些主要募捐者的承诺;第六,第一时间感谢所有为募捐做出贡献的个人和团体;第七,当目标达成之后,发布一份新闻稿,举行一个庆祝仪式;第八,给每一个募捐的人寄一封感谢信(手写的最好)。

作为领导者,你对募捐努力的作用,是点燃那些对组织的使命满怀热情的人。引用一个特别的例子,奥古斯塔历史博物馆决定发起一个研讨会,来纪念奥古斯塔最伟大的英雄,中校吉米·代斯,美国海军陆战队预备役军官。他是美国唯一一名获得两个最高英雄奖章——荣誉勋章和卡耐基奖章——的人。募捐的目标是50 000美元。在活动开始前,主要的捐献者就找到了。一个捐助了10 000美元,其他四个各捐助了5 000美元。于是,当正式的募捐开始的时候,博物馆就可以宣布已经完成超过目标的一半了。

下一步就是找到那些愿意捐献1 000美元的人。承诺捐助这个金额的人会得到:(1)一张研讨会的私人招待会的邀请函;(2)一份吉米·代斯的简介和DVD;(3)成为博物馆的会员,并获得一定数量的免费入场券;(4)荣誉勋章历史的书——由受勋者亲笔签名;(5)预留研讨会的位置。

吉米·代斯研讨会成了奥古斯塔文化生活的一个永久性的部分。在每年一月的第二个周四举行。也成为奥古斯塔历史博物馆史上最成功的募捐活动——一个获奖的博物馆,虽然在21世纪第二个十年曾经陷入财务危机。

募捐清单

每个非盈利组织都需要钱去完成它的使命。志愿者或许可以填补大部分的劳动力的空缺,但是除非你运作的这个非盈利组织能由其他机构或好心人完全资助,否则,机构的正常运营必须要靠募捐。下面的清单是一个有效的募捐活动所需要的基本框架。

- ☐ 复习和理解组织的使命。
- ☐ 设定富有挑战性的募捐目标,确定钱从哪里来。
- ☐ 自己先做慷慨的捐赠。
- ☐ 要求每名董事会成员做一个(给予或得到)特别的承诺。
- ☐ 招募董事会成员,他们要有对事业有的强烈的责任感。董事会越突出,招募新的杰出成员越容易,从主要捐献者那里获取捐款更容易。
- ☐ 研究潜在的捐献者——公司、基金会和基金等——确认他们的使命是否和你的匹配。
- ☐ 列两个表——往年慷慨解囊者和从不捐款者。
- ☐ 全面撒网,网罗社区的各个角落。
- ☐ 设置最后时限,保证优先任务完成。
- ☐ 不要在有人刚捐过款之后,又去督促他解囊。
- ☐ 陈述情况和理由;在索取礼物的时候,目标要高,要求比实际需要的要多一些——如果你希望得到 10 000 美元,请要求 100 000 元。
- ☐ 胆子要大但是不要傲慢——记住：你可能需要回来再次请求捐款。
- ☐ 不要气馁,你想要许多礼物,那么可能需要不止一次请求,而是许多次。
- ☐ 不要在明显不感兴趣的个人、公司或基金会那里浪费时间。
- ☐ 提醒你自己,你眼中的伟大事业在他人眼里可能什么都不是。
- ☐ 提醒你自己,这些捐赠者经常被要求为了值得支持的事业而捐款,理解他们的疲劳很重要。
- ☐ 注意你的模板,这次适用的工具,未必适用于下次。
- ☐ 广泛宣传你的项目,很多公共关系或广告公司愿意做一些无偿的专业工作。
- ☐ 在社区维持曝光率。
- ☐ 员工必须时刻准备并乐意参加所有的募捐计划和活动。
- ☐ 严密地监控预算——但也要注意过犹不及,以至办不成事了。

第四部分
综合归纳

二十一　最后的思考

二十一·最后的思考
领导力教战守则 30 条

> 让他人去做他们不想做的事情,而且还能喜欢——领导者就是这样的人。
>
> ——哈利·杜鲁门
>
> 因为我是领导,所以,我要学习,倾听大家的声音;就是因为我是领导,所以,我要做决策,要担当起我作为领导者应该担负的职责,不能怠慢我的领导力。
>
> 领导力和学习彼此不可或缺,彼此相辅相成,彼此相得益彰。
>
> ——约翰·F.肯尼迪

本书的用意是给你实用的概念,如何把你自己塑造成一名领导者,如何提高你领导他人的技巧,以及如何领导一个组织。虽然本书提供了一些清单,但是,你也要清醒地认识到,完全照搬这些清单或领导力"食谱"是一个严重的错误。你必须带着一定的质疑的态度去看待关于领导力的思想、观点和清单。在任何一个组织内部发生的事情,都是独一无二的;但是,他人的经验教训可能在你面对现实的挑战时会有所帮助。下面是30个组成领导力基础的核心原则。

1. 信任

大型组织的领导者必须要信任自己的下级主管和其他同事。座右铭应该是是:相信人,并且让这种信任可以预期。这对那些想主导组织的每一个方面的人来说,是非常困难的挑战。这样的领导者无法找到相信他人的途径,后果就是,他们培养不出替代的领导者,因为不能给予他人发挥自己创造天分的机会。要想成为一名真正高效能的领导者,必须给予部属足够的信任,同时需要放弃那些不能被信任的部属[①]——领导力的雕琢需要经过艰难的决策过程。如果没有领导者和部属之间相互的信任和尊重,那么组织通常就会表现低迷、士气糟糕。避免发出"我不信任你"的信息,比如"我不想收到惊喜"或"只要我在位,我就会事无巨细地检查。"就如弗兰克·格雷恩所说的那样,"如果你太过轻信,你可能会上当受骗;但是,如果你不能充分地相信他人,你就会生活在痛苦中。"

2. 教导

教导和领导亲密无间。领导者要愿意教授技巧,分享观点和

---

① 按中国一句古话:疑人不用,用人不疑。——译者注

经验,与员工一起紧密地工作,帮助他们成长,让他们更富创造力。为了成为好的老师,领导者必须是一个做事井井有条的人,是一个好的沟通者,一个有效的目标设立者。把组织塑造成为"智慧的金字塔",带领它从数据——到信息——到知识——到智慧成长。通过教导,领导者能够激励、激发和影响各个层级的员工。

3. 创造性沟通

高效能领导者掌握书面语和口头语,实现良好的沟通,有意义、能理解、可操作——在组织的上上下下都是如此。不论是在发布指令,陈述使命,还是给予致意赞美,创造性的沟通都将起到活跃、指导和激励的作用——这也是高效能领导力的基本原则。

4. 持续工作

> 当我喋喋不休的时候,通常都是一无所获。
> ——拉里·金[①]

每天搭建人际网络。持续努力地去扩充智囊团,寻找有创造力和想象力的人,找到有创新精神的思想。锻炼你自己及身边人

[①] 拉里·金(Larry King),美国著名电视节目主持人,他所主持的"拉里·金现场"(Larry King Live)是美国有线新闻网(CNN)收视率最高的节目。他也因此成为第一个在世界范围内享有盛誉的脱口秀节目主持人。他没有上过大学,但是终成年薪1 400万美元的CNN王牌主持人。有"世界最富盛名的王牌主持人"之称。《时代》杂志称他为"麦克风边的大师"。曾经获得艾美奖。——译者注

的好奇心。不断地提问。比如：你最近发现的最让人激动的想法是什么？谁是你认识的最有创造力的人？他最近和你分享了什么？你最近读过的最好的书是哪一本？你最喜欢的网站是什么？告诉我一些我不知道的。

5. 避免成为主要的问题解决者

> 告诉人们如何做事情。告诉他们需要做什么，他们会用他们的独创性给你一个惊喜。
> ——乔治·巴顿将军

领导者要帮助问题的解决，但是应该让下属来解决大部分问题。从实际解决问题中获得的精神奖励——成就感——是难能可贵的。它塑造自信，让一个人的能力在将来发挥得更好。即使领导者通常能够比别人更快地解决问题，但沦为一个问题解决者还是很不好的惯例。当然，有一些例外的情况。当组织处于极度的困难之中或下属无法制定可行的解决方案的时候，领导者就需要介入并选择最好的行动方案。如果领导者具有更好的专业知识、更好的理解力、更好的联络渠道的话，这种方法往往有效。领导者成为问题解决的最后一道防线，组织就能得到最大程度的繁荣和发展。

6. 耐力建设

领导力的要求是很沉重的。总经理不管是怎么计划他们一天、一周或一个月的行程,总会有些时候,他们所面临压力和要求非常繁重。即使领导者非常疲惫,他们必须不断地寻求自己的能量和创造力的极限,去面对危机的时刻或做其他艰难的决定。生理和心理的双重健康计划对领导者来说都是必须的,他们需要时刻准备应对困难的阶段。从根本上说,如果领导者不能照顾好自己,他们怎么能在组织里创造出一种关爱他人的氛围呢?!

7. 高效地管理和使用时间

美国的领导者们所犯的最大错误之一,就是他们在管理自己的行程、电子邮件、备忘录、电话、差旅安排和会议等上面,普遍处于失败状态。美国的总经理们经常陷进"活动陷阱"中而不能自拔,这些活动充斥着他们每天的时间,他们非常忙碌,根本没有什么时间深思熟虑和进行战略性思考。处于忙碌和长时间的工作状态,并不代表领导力水平就高。领导者必须能够高效地掌控自己的行程安排。

8. 保持技术能力

总经理们如果非常了解自己的公司,他们在进行日常活动的时候,就会知道他们在做什么。领导者不仅需要理解组织的主要要素,而且要与时俱进。否则,他们就不能准确地把握他们日常活动的产出是什么。而且,如果领导者有很高的技术能力,他们应该相信自己的直觉。这种能力和直觉的结合是非常强大的力量!他们可以问自己,是否对自己的决策满意,是否能够接受下属做出的决定,或者,是否有些地方出了问题。套用拉尔夫·沃尔多·爱默生的话说,"天才的精髓是自发性和直觉,相信你自己。"直觉就像伸出的天线,或用手感觉组织的脉搏,使人精明和了解情况。用另一句话来说,高效能领导者在事情有点不对劲的时候,或感觉出了问题的时候,他会去仔细分析。

9. 处理无能的人

领导者要设定标准,坚定不移地执行标准,并要求他们的下属遵循这些标准。他们要确保完成使命。导致使命不能顺利完成的因素,比如没有效率的员工的出现,会耗尽组织和领导者的时间、精力和注意力——而这些本该用来实现目标。在这种情况下,领导者有责任把阻挡在成功之路上的不利因素清除掉。几乎每一个现有组织中的每一个人,都清楚地知道谁有能力、谁没有能力。领导者在处理这些无能的员工时的作为或不作为,所有人都在看着。允许无能的员工留在需要责任心的岗位上,领导者显然没有为他们自己、组织考虑,甚至在很多情况下,没有为这些无能的员工考虑。当需要把无能的人从关键岗位上调离的时候,领导者要和他们做面对面的沟通。谈话气氛要温和友好,但是态度必须坚定。引用奥古斯塔一家大医院的总经理的一句话,"无能就像是毁灭医院的癌症。"

10. 关心别人

领导者不仅要辨识表现最好的人,还要顾及到那些有能力完成自己的工作、工作态度积极、对实现组织目标充满信心的人。努力且持续不断地去感谢别人——在早晨,在中午,在上下班前——是关爱他们的很重要的一环。表达感谢有助于他们的心理健康。而且,领导者在指明表现突出的员工的时候,要避免任人唯亲。

11. 提供愿景

不是规划师的领导者只能算是管家、看门人和混混日子的而已。虽然他们可能能让组织有效运转,但是他们不能够服务于组织的长期利益——除非他们去规划,设定目标,提升自己的预测能力,提供愿景和战略性领导力。良善规划,设定目标,设定优先权,组织就容易实现其远大目标,并创造出可以传承的财富。如果领导者自己缺乏远见,那么就要经常与善于做长期规划、有远见思维和创新精神的人接触。听从有远见的建议,领导者就会放宽创新之路,鼓励大家放飞想象。最高效能的领导者应该是改革的代言人,最好的改革方法之一就是通过好的战略计划。

12. 控制雄心和自负

领导者都会有个人抱负,但是,如果这种抱负过于强大的话,还是要有所控制。他们要以最高标准的卓越、诚信和表现,专注于使命的完成。无私的领导者能够赢得同事的尊敬和上司的支持。他们会心甘情愿地说:"我错了,""我犯了错误,""我为失败承担所有的责任,""我愿意承担失败带来的所有后果。"如果领导者过于执着于自己的雄心,他们可能会把组织带入错误的方向。实际上,他们会成为解决问题路上的一个障碍而不是解决问题的助推器。

13. 计划和执行会议

领导者会花很多时间在会议上。他们应该制定会议的基本原则，积极参与，确保会议正常有序。已经纳入议程的会议必须公布开始和结束的时间，以便与会人员能够合理计划安排剩下的时间；比如"11点开始的销售会议将在中午结束。"在会议进程中，要给予每个参会人员足够的机会表达自己的观点或异议。如何总结会议，得出结论，确定下一次会议时间和议程，指导每个人执行会议作出的决策，等等，知道这些很重要。总结会议的有效方式就是让领导者重复他所听到的内容，并询问有没有什么重要的地方被遗漏了（或存在误解）。同样，领导者必须中断那些没有目的的周会、月度会或季度会。美国的领导者喜欢开冗长的、散漫的、毫无产出的无效会议，必须改变这种开会文化和趋向。

14. 激励

领导者不仅自己要知道一般的激励技巧，还必须教会自己的下级主管，只有这样，他们才算掌握有效的激励下属的技巧。大型组织的领导者们做不到定期与员工个别沟通，所以，他们必须依靠自己的下层主管来激励员工。忠于使命，热爱工作，高标准要求，快乐工作，时常强调组织的计划和目标，有力的动机和回馈计划，对努力工作的诸多敬意，高效表现，等等，这些是重要的激励因素的方方面面。

15. 经常出现,平易近人

4小时原则是非常有用的指导方针:领导者呆在自己办公室的时间,1天之内要在4个小时以内。其他时间,他们应该走出办公室,与员工接触,组织会议,在工作区域和员工交流。好的领导者经常轻拍员工的肩膀以示鼓励,做一些简短愉快的发言,分发奖励,在自己的企业或公司里到处走走。同时,高效能领导者还要与兄弟组织以及上级组织保持联系,加强相互之间的重要关系,及早辨识问题领域。

当在领导者办公室开会的时候,领导者本人不要坐在自己的办公桌后面,而要坐在沙发或靠背椅上,避免威胁部属的压迫型姿势。领导者坐在他们办公室的社交区域,会令来访者感到放松,他们就会更为坦诚。来访者脑子里应该只有他们要来谈论的主题,不会被其他情绪因素所干扰。

16. 妙用幽默

多数时候,领导者要自嘲而不要嘲笑别人。他们可以讲和自己有关的笑话,分享自己犯错误的尴尬故事。这会让别人知道他们是有血有肉的活生生的人,会犯错误,愿意在自己把事情搞糟的时候承认自己的不足。好的领导者表明:生活不用那么严肃,有时候不需要以牙还牙地报复,也可对发生的事情一笑了之。幽默能够很好地纾解紧张情绪,一个故事或适时的笑话,在困难重重的时候,能给人带来很好的治疗作用。利用幽默来逗乐,而不是侮辱。用刻薄的话表现幽默感，对员工会适得其反。避免下流的玩笑，因为它会削弱领导者和组织的尊严。同时，领导者不能以玩笑的姿态对待所有的事情。在他们迈向成为高效能领导者的道路上，太多的玩笑，并不可能为他们赢来他们所需要的尊敬。

17. 果断

领导者要果断，但是也不要在有人对某个事情做出评论、建议时，就拍案而起地下定论。他们要在做决定前听听多方的意见。实际上，有时候对领导者来说，在意见收集阶段，对某个重要决定延期一两天、一两周是很好的选择。领导者要注意相反的两种观点，如果可能，对某些重要的事情，缓缓再做决定。他们应该和自己的副手、配偶或其他值得信任的人讨论。而且，领导者要和那些持不同意见的人讨论，了解他们的观点是什么。但是，延迟几周或几个月做决定并不是常见的做法。不做决定本身就是一种决定。有时候，做决策时的基本的和健康的因素是风险考量。

同样，领导者必须明白怎么样来实施决定。决定如果只是停留在文字层面就毫无意义了。而且，决定做出之后，必须有一系列的跟进方案，确保做出的决定不仅仅只是被实施了——而且是在物质和精神层面都不折不扣地实施了。

18. 审视自己

每个人其实都是由5种人组成的：真实的你，想象中的你，下属眼中的你，同僚眼中的你，以及老板眼中的你。努力从不同渠道获得反馈的领导者,更容易理解和掌控不同的自己;也因此,越发成为更好的领导者。他们必须客观地看待自己,分析到底哪里犯了错误,哪里需要解雇员工,他们在哪里走错了方向。领导者必须能够审视自己,反省今天做对了什么,做错了什么,哪些决定需要收回,对员工是否平易近人。他们必须扪心自问:是否太狭隘?是否太固执?在反思的过程中,向你所信任的知己朋友求助,他们或许会给予你大的帮助。

19. 工作可靠

领导者要非常慎重地对待自己所做出的承诺。一旦承诺,除了严重的身体健康问题或危难时刻,没有任何东西可以改变。为了确保组织的稳定和战斗力,领导者必须可靠。可靠的重要方面是坚持不懈和前后一致。领导者可以有一定的灵活性,但是稳定性和一致性是所有组织所需要的重要元素,值得所有层次的领导者去拥有。

20. 保持开明的思想

最好的领导者,思想从不僵化,乐于听取新颖观点,渴望接触新鲜事物。甚至在做出一个决策之后,领导者还是愿意倾听相反的观点和新颖的方法。虽然强势的领导者不会经常在做出重要决策之后改变他们的想法,但是他们也从不畏惧在必要的时候重新考虑。那些从来不去重新考虑的领导者,只能说明他们呆板和固执,而这两样恰恰会给组织带来麻烦。

21. 保持高度的诚信

一旦高度的诚信标准被设定、强调和保持,每个人都会因为获得的成就和操作的风格而觉得自豪。领导者的角色是多方面的。领导者可以做得很多:穿着得体,行事妥当,避免亵渎的语言,帮助下属安然度过个人和家庭的困难时刻,组织令人振奋的庆祝会,用手写的热情洋溢的欢迎信欢迎新员工,等等。愉快的内容和风格的结合,达致一种大家喜闻乐见的良好表现和高昂士气。

22. 放权并坚持到底

近年来,业界对于组织领导者的放权有很多的讨论。但是,放权并不是件容易的事情。有三个基本的问题需要解决。(1) 有些老板认为领导力就意味着控制一切并拒绝让出任何权力。(2) 第二种老板很真诚地想放权给下级主管,但是这些下属并不接受。在这种情况下,这些下属不断地和老板确认要做的事情,而不是自己主动付诸行动。这样做的结果,等于把权力又交回给了老板。(3) 第三种老板把权力下放了,但是通过微观管理,很快又把权力收回去了。这类老板关注太多的细节问题,频繁地检查下属的工作,然而自己并不自知。

真正想要分享权力的领导者能够成就非凡的事情。最好的领导者理解领导力就是人才的解放。因此,他们不仅持续不断地放权,而且也不会把权力又抓回来,以此来获得领导权威。坚持放权要求领导者和下级主管之间要有很多的直率的沟通、信任和互动。

23. 慷慨和宽宏大量

黄金法则"己所不欲，勿施于人"置之四海而皆准。但是，在领导力范畴，白金法则"用人们希望的方式去对待他们"似乎更为合适。领导力的最大乐趣之一，就是服务下属。如果领导者每天不能帮助 5 个人以上，那么他可能就会丧失鼓励下属、提振组织的机会。宽宏大量，就是精神上的慷慨，宽恕他人。有些领导者很难原谅把事情搞得一团糟的下属。好的领导者愿意去原谅那些坦陈自己犯了错误的下属。他们也会在自己犯了错误的时候原谅自己。

24. 培养领导—伙伴关系

领导力不是权力的同义词。在很大程度上，是下属委托上司的一种价值。它包含了一种情绪化的或者说精神上的投入——信赖。在很大程度上，下属对领导者的定义基于一种先期介入的信任。他们认为上司的品质、个性和价值观是他们准备完全接受他的必要条件。实际上，明智的领导者，了解并去培养这种领导者和伙伴的关系，特别是对那些不常在他们视线里出现的下属。他们是优秀的人，努力工作，由于他们的"不可见"而很少得到感谢（鼓励）。这样的下属非常安静且努力地工作，但常常不被注意。没有因为他们的杰出工作而受到认可和奖赏，随着时间的推移，他们的士气往往会受到影响。与此相反，领导者必须注意那些总是想和老板不断打照面的人。这些家伙考虑问题的第一要素就是先满足自己的利益或野心。

25. 欢迎批评，反对偏执

实际上，成熟的领导者能够以平和、冷静和优雅的态度接受批评。批评是了解"真实情况"的最有用的途径之一，能让领导者审视自己的观点。好的领导者应该让员工明白和上司或组织发生"爱的争吵"是完全能够接受的。那些不同意领导者观点的部属绝不是敌人。忠诚和批评是相辅相成的，而盲目忠诚却是致命的。如果某个下属对领导者做出了实在很难接受的事情，领导者也不要认为这是一种故意的充满恶意的行为。防御的姿态不是积极的回应。明智的领导者永远不要把下属的这种行为归因于怨恨；如果这样想的话，只能说明领导者本人的愚蠢。

领导者对自己必须要有极度的诚实——哪怕自己极不情愿面对，否则他们就会滑入自我欺骗的深渊。即便是最好的领导者也会犯错误。倾听批评，快速反应，认识并修正错误，这样的领导者才能成长为卓越的领导者。

26. 保持愤慨感

太多自以为聪明的经理努力地取悦老板，远离麻烦。而后果是，即便在他们的手下被现存的系统严重伤害的时候，他们依然极力克制而不愤怒。相反，他们还会把这种自上而下的压力转嫁给他们的下属。眼睁睁地看着这种环境慢慢地吞噬组织的架构，因为他们不愿意去挑战自己的上司，这样的行为让下属深感失望。有一种方法在这种情况发生时可以使用，那就是——发发火。有些经理被自己的老板或外界的人吓倒；有时候，下属也会吓倒他们。容易被吓倒的老板永远不会是伟大的领导者。最好的领导者需要不时发发火，用受控的愤怒，来纠正那些强加于自己下属的错误。

27. 从失败中吸取教训

从失败中吸取经验，并能绝地重生，这是完美领导力的标杆。比尔·盖茨在做微软 CEO 的时候，有过帮助微软最后成功的失败经历。他说："得到的回报值得这样的失败。"实际上，盖茨认为，如果没有这样间或的失败，可能就不会把微软推向不得不去创新的边缘。史蒂夫·乔布斯在苹果也有这样的经历。但是，更多的领导者喜欢"零缺陷"。他们不鼓励冒险，惩罚失败的人。结果慢慢陷入"死亡深渊"，组织丧失了良好的机会，失去了优秀的员工，滑入平庸无奇、无关紧要和彻底失败的境地。

28. 建立强大的智囊团

最好的领导者成功的最重要的秘诀之一就是建立和培养自己的智囊团。领导者应该与自己组织外的 200—300 位聪明的、思维敏捷的人保持紧密联系。智囊团的成员提供智慧和经验。有些是处理重要事务的专家。有些退休了，在他们无法立刻提供解答的时候，他们有大把的时间去做研究。一个活跃的智囊团，能在领导者陷入困境、又无法从自己的直接下属那里获得相应帮助的时候，一个电话或一封邮件，就能够联系到合适的人，得到及时的帮助。

智囊团相互提供帮助；他们在提供帮助的同时，也会得到帮助。在大型的智囊团里，你也可以有一个更小一点的精华小组作为道德智囊团，帮助你应对工作中的道德风险。

如果你遇到道德困境，发现自己夜不能寐的时候，可以发邮件寻求朋友的帮助。如果不能在第二天一早得到回应，可以马上打电话寻求帮助。

29. 寻求和包容多样性

多样性存在很多方面，明智的领导者能够发现多样性的各个方面并给予滋养。所有的组织都必须最大化意见的多样性表达，传统，文化，种族，性别，宗教，人格类型，对美国文化的态度，等等。实际上，美国最大的优势就是她愿意接受不同背景的人的历史性意愿。但是，太多的领导者在雇佣新员工时对多样性的看法非常狭隘。他们倾向于克隆自己，多样性仅仅作为事后的一种考虑。最好的领导者在雇佣新人和员工提升的过程中，会强调多样性的重要，他们会向同事、下属——更重要的是，和人力资源部门和人事主管们——解释阐明。

30. 展示诚信

领导者不仅要把诚信挂在嘴边，更要在组织运营中坚持诚信的高标准。重要的是，他们要强调个人和组织的双重诚信。高效能领导者在遇到破坏诚信的行为发生时，会迅速地采取纠正补救措施；并且随着时间的推移，不断地提高诚信的标准。他们也会确保每个人都能理解他们对组织价值观的基本承诺。领导者在上任之后,要尽快通过多种方式展示这样的基本承诺。组织的诚信可能会在危机来临时才会有所体现,必须被各个层级的领导者所理解和坚持。

在所有领导者应该具备的品质中,诚信是最重要的。

结　论

领导力是服务员工、服务使命、放权、提高组织的尊严和诚信水准。没有什么比领导一个有重要使命的组织更诱人、更富挑战、更具回报了。愿意成长、学习、倾听、认识错误、教导下属、设定目标和保持高标准的领导者,能够带领组织攀向新的高峰。

作者小传

佩里·M.史密斯

佩里·M.史密斯(Perry M.Smith)是一位教师、作家、电视和广播评论员。作为一名退役少将,他在美国空军服务长达30年之久。在他的军旅生涯中,他在德国指挥过F-15战斗机联队,做过空军最高计划官、美国国家战争学院校长。

史密斯出生于西点军校的一个军人家庭,青春年少时期,游历十分广泛。6岁的时候,他亲眼目睹了日军轰炸珍珠港(在那个命中注定的早晨,他正坐在军队卡车的后面,在去主日学校的路上)。第二次世界大战后不久,他跟随父亲住在意大利,父亲在当地的英美军队机构里任职。在国内外的12所学校呆过之后,1952年,他从纽约的高地瀑布高中毕业了。

史密斯将军1956年从美国西点军校毕业。在西点军校,他参加了校际曲棍球队。大三、大四的时候,他成了第二支全美曲棍球队的一员。后来,他在哥伦比亚大学取得了国际关系学博士学位。1968年,他的学位论文获得了美国政治科学学会的海伦·德怀特·瑞德奖[①]。他著有《五角大楼的任命》《英雄中的英雄:吉米·

[①] 海伦·德怀特·瑞德奖,是为国际关系领域的最好博士论文而设。——译者注

代斯和第四陆战师》等6本书。

史密斯从1991年开始在CNN(美国有线电视新闻网)担任军事分析评论员，1998年因为抗议CNN的假神经毒气事件专题报道(《死亡之谷》)而辞职。之后，他为NBC(全国广播公司)、MSNBC(微软全国有线广播电视公司)、CBS TV(哥伦比亚广播公司-电视台)和CBS Radio(哥伦比亚广播公司-电台)服务。

他协助编辑和推广了皮特·考利的《荣誉勋章①》一书。这本畅销书记录了那些活着的荣誉勋章获得者的可歌可泣的故事。

史密斯将军花了很多时间来培训他的下属主管、MBA学者、政府和军队领导者、教堂群体和非营利组织，他教授的主题有领导力、道德规范、战略计划、英雄主义、创新精神以及如何和媒体打交道等。1992年起，他受邀成为水晶邮轮②的特邀演讲嘉宾。

他在泰国、德国、法国、意大利和土耳其等国生活过。

1990年移居佐治亚州首府奥古斯塔，他开始积极参与一些社交活动，如为圣保罗大教堂、费雪之家、克洛克中心、传承学院和奥古斯塔历史博物馆等筹款资金。他曾担任国会荣誉勋章基金会的秘书长，也是奥古斯塔历史博物馆和奥古斯坦战士项目的董事会成员。

---

① 荣誉勋章(Medal of Honor)，由美国政府根据1862年的美国《国会法》而设立的美国国家颁发最高军事荣誉勋章，颁授范围包括美国武装力量所有分支的成员，获奖者必须"在与合众国的敌人进行的战斗中，冒着生命危险表现出超乎寻常的英勇无畏精神"。海、陆、空三军的成员皆有资格获颁这份荣誉，而每个军种授予的荣誉勋章各有其独特的设计。它由担任美国武装力量最高统帅的美国总统亲自颁发。

在荣誉勋章的授予证书上有"以国会的名义"(in the name of Congress)，它常常被误称为"国会荣誉勋章"，事实上官方名称里并无"国会"二字。

荣誉勋章的历史可追溯至1862年美国内战期间，已颁发3 460多次。——译者注

② 水晶邮轮，六星级奢华邮轮品牌。——译者注

史密斯将军的妻子康纳·克列莱·代斯是陆军中校吉米·代斯的女儿。吉米·代斯曾服役于美国海军陆战队,是唯一一名获得美国两个最高英雄奖章——荣誉勋章和卡耐基奖章——的人。史密斯将军与康纳有两个孩子和五个孙辈。

杰弗里·W.弗利

杰弗里·W.弗利(Jeffrey W.Foley),在俄亥俄州的辛辛那提出生并长大,毕业于美国西点军校,以准将衔从美国陆军退役。他是一名鹰童军,亦是马里蒙特高中体育名人堂的一员。大学时期,他积极参加体育活动,如西点军校的校级棒球比赛。

弗利将军2010年从军队退役,他在军队中服务了32年。在部队期间,他担任驻韩国、德国美军和美国本土部队的战术信号单元的各种各样的领导岗位。他在五角大楼服务过两次,部署了在亚洲西南部的行动来支持沙漠盾牌行动和沙漠风暴行动。他还担任过美国中央司令部、位于佛罗里达州的麦克迪尔空军基地的高级联络官和首席信息官,在亚洲西南部展开的伊拉克解放和确保持久自由和平行动中的作战指挥官和维和行动的指挥官。

在成为军队通信军团首脑、负责领导位于佐治亚州戈登堡基地的陆军信号中心(学校)后,他的军旅生涯达到了顶点。在任期间,他推动了共识的达成,制定了基于未来通信能力建设的战略计划;领导了专业教育、培训和领导力培训计划等,涉及人员包括国

作者小传

民警卫队和预备役部队的所有通信和计算机操作人员。

他的整个军旅生涯都与领导力发展计划相关。在军队的时候,他被委派到美国中央司令部的陆军参谋部,担任美国陆军信号中心的总指挥,领导了战略计划的制定。退役之后,他在奥古斯塔州立大学和佐治亚州-卡罗莱纳州的美国童子军理事会从事同样的工作。

今天,他是一位经常受邀请的核心演讲者和研讨会领导者,在各个场合做关于成为生活的领导者、团队建设、个人卓越、激励员工和战略计划等主题的演讲。在许多州和地区的大会、大学的毕业典礼、社区领导力发展项目、其他小型企业和非营利组织的会议上,他受邀做主题演讲。

他服务的客户有宝洁公司、普利司通轮胎公司、美国军队、南卡罗莱纳州生产企业联盟、佐治亚州商业协会、纽柯钢铁、萧氏工业集团、佐治亚摄政大学赫尔商学院和东南地区扶轮社等。

他非常善于用朴实易懂的语言和听众沟通,分享自己的经验,连同专家辅导,最终让听众激起学习和听讲的兴趣。

从军队退役之后,他花了两年半时间在大学系统的研究上,把奥古斯塔州立大学作为研究校园发展的长期计划的对象。在奥古斯塔州立大学与佐治亚健康科学大学合并后,他担任了2012年更名为佐治亚摄政大学和健康系统的军事事务副主席。

他从位于俄亥俄州莱特·派特森空军基地的美国空军技术学院获得了计算机硕士学位,在位于华盛顿特区的国家战争学院获得了国家安全和战略研究硕士学位。他是奥古斯塔领导力董事会成员之一,佐治亚-卡罗莱纳童子军理事会的执行委员会成员,萨凡纳河中央地区戈登堡基地联盟董事会成员,"像耶稣一样领导"

(《一分钟经理人》合著者肯·布兰查德共同参与创建的组织)国家顾问委员会成员,等等。

弗利将军的妻子贝丝是美国陆军护理队的退休陆军上尉。

战略思想丛书

  战略,就是为未来的不确定性寻求更多的确定性。仿佛下棋,不能只看一步两步,要看到三步及三步之外。战略思考或战略研究,小到个人人生规划,中到企业运营发展,大到国家未来,无不重要而迫切。由于种种原因,很多人、很多企业、至很多国家,只顾着眼前、只看到一步、两步,而不能看到第三步及三步以外,落得败笔、乃至败局,甚是惋惜。

  中国正处于 5 000 年未有之变局,正处于改革开放以来的前 40 年转向未来 30 年的关键节点……转型,转折,转变,你——准备好了吗?!

  大时代需要大战略,大时代应用大战略!

  人人需要战略修养!

  人人需要提升战略修养!

  "战略思想丛书"应运而生,助您战略成功一臂之力。

《教育的目的》

〔英〕怀特海　著　庄莲平　王立中　译注
文汇出版社,2012年12月,定价:20元

　　学生是有血有肉的人,教育的目的是为了激发和引导他们的自我发展之路——本书的主要侧重点在于智力的教育,并从多个视角进行说明。从这个意义上也得出结论:老师也必须有活跃的思想。

　　本书断然反对灌输生硬的知识,反对没有火花的使人呆滞的思想。本书内容都是有实践证明的经验之谈,或是教育实践后的反思。

　　这是一本奇书,值得所有对教育有兴趣人的阅读。

《战略研究入门》

钮先钟　著
文汇出版社,2019年6月,定价:55元

　　本书内容包括三个问题及其答案:(1)什么是战略和战略研究;(2)怎样从事战略研究;(3)为什么要研究战略。读了这本书,至少应能了解上述三个问题的正确答案,也就可以无忧无惧地进入战略天地,学习做一位战略家。这本书可以充任向导;带着你顺利地达到理想的目标。所以,本书能够帮助你学会如何研究战略,至少能够引导你入门。

《历史与战略》

钮先钟 著

文汇出版社,2019年6月,定价:55元

战略研究必须以历史经验为基础,尤其是历史中有关战争的部分。这是古今战略家的共同意见。本书梳理了十六则历史上的战略案例,让人体会到历史的教训是如此地深远,人类从历史教训中学习是何等地重要,值得深思。

《战略家:思想与著作》

钮先钟 著

文汇出版社,2019年6月,定价:50元

战略是一种思想、一种计划、一种行动,也可以说战略是始于思想,而终于行动,在思想与行动之间构成联系者则为计划。所以,凡是在战略思想、战略计划、战略行动三方面的任一方面能有相当成就或贡献的人,就都可以算是"战略家"。

有哪些称得上"战略家"的人?他们在思想和著作如何?了解这些,我们方可在战略方面有所师法、借鉴。

《孙子三论：从古兵法到新战略》

钮先钟 著
文汇出版社,2019 年 6 月,定价：50 元

  本书所研究的固然是古兵法,但又非仅以研究古兵法为惟一目的,所真正希望的是此种研究能够有助于新战略的思考,真正目的是试图透过此种研究来寻求能够适应新战略环境的新战略思想,试图从古兵法走到新战略。

《历史的性质》

〔法〕安德烈·博弗尔 著　李心茹 译
文汇出版社,2019 年 6 月,定价：32 元

  我们在历史中活着,我们或多或少自由地或是有意识地创造着历史,历史既可以告诉我们来自哪里,又可以指导我们该向何处走去。因此,历史对于人类来说,是一门重要的知识。
  历史是以将事件的重大路线联结起来的全局视野为准则选取它的方向的,而这些事件被解释为完整的人的冲动和无理性的需求。从这一观点出发,我在接下来的几卷中展示了由此引发的一定数量的观察和思考。

《领导者的规则与工具》

佩里·M.史密斯　杰弗里·W.弗利　著
庄莲平　王立中　译注
文汇出版社,2019年6月,定价:58元

　　如何把自己塑造成一名领导者,如何提高领导他人的技巧,以及如何领导一个组织。

　　这是一本翔实的书,深入探讨了领导者在现实生活中所面临的真正问题、困境以及许多其他可能的情况。两位作者以其丰富的组织管理经验、在领导力和管理方面的教学和研究心得,完成了这个很多人想做(却始终没人做成)的事情:他们写出了一本对领导者和下属者的职业生涯都极有帮助的指南。

　　在你一生的职业生涯中,这是一本值得反复温习并详加体会的书。

图书在版编目(CIP)数据

领导者的规则与工具/〔美〕佩里·M.史密斯 杰弗里·W.弗利 著；
庄莲平 王立中 译注.—上海：文汇出版社,2018.1
ISBN 978-7-5496-2257-3

Ⅰ.①领… Ⅱ.①佩…②庄… Ⅲ.①领导学 Ⅳ.①C933

中国版本图书馆CIP数据核字(2017)第178028号

Rules & Tools for Leaders
Copyright © 2013 by Perry M. Smith
This edition published arrangement with TarcherPerigee, an imprint of Penguin Publishing Group, a division of Penguin Random House LLC.

图字 07-2017-853 号

・战略思想丛书・

领导者的规则与工具

丛书主编/王立中

著　　者/佩里·M.史密斯　杰弗里·W.弗利
译　　者/庄莲平　王立中
责任编辑/黄　勇
装　　帧/王　翔

出版发行/文汇出版社
上海市威海路755号
（邮政编码 200041）

经　　销/全国新华书店
排　　版/南京展望文化发展有限公司
印刷装订/启东市人民印刷有限公司
版　　次/2018年1月第1版
印　　次/2019年6月第2次印刷
开　　本/710×1000　1/16
字　　数/230千字
印　　张/16

ISBN 978-7-5496-2257-3
定　　价/58.00元